さらば！ サラリーマン

脱サラ40人の成功例

溝口 敦

文春新書

1220

さらば！　サラリーマン——脱サラ40人の成功例◎　目次

第一章　起業の夢を実現する

第二章　故郷で第二の人生を

第三章　職人として生きる

第四章　趣味を活かす

第五章　人の役に立ちたい

まえがき

会社を辞めて、自分で新しい仕事を立ち上げる――。

たいていの人にとって、脱サラ＝起業は人生最大の転機にちがいない。誰もが新事業で失敗することは望まないが、一般的に失敗の確率は高い。だが、それも覚悟の上、なんとか成功に持っていきたい。成功がムリでも、始めた仕事をせめて世に定着させたいと願って、多くの人が今日も起業に挑戦している。

私はここ十二年間、脱サラ後、新しい仕事に立ち向かった人たちに毎月お会いし、お話を聞いてきた。

起業するに当たってはいろいろな理由がある。とにかく、それまで勤めた会社が嫌だ、自分で会社を興したい。自分が仕事の一から十までを手掛ける職人になりたい。世のため、人のためになっていると実感できる仕事をしたい。子供のころから好きだったことで商売できないか。これからは故郷で暮らしたい、職場は少ないだろうし、故郷で自立できる仕事に何があるか。

こうした模索の背景には、年々加わる企業勤務の厳しさもあるにちがいない。もう「サラリーマンは気楽な稼業ときたもんだ」と鼻歌を歌える時代ではない。サラリーマン生活は独立自営業者のそれと同程度に厳しくなった。たしかにチームで働くスリルや面白さはある。協同で働く楽しさだろう。だが、そこでの仲間意識から脱落して弾かれれば、今は窓際に座ることさえ許されない。ノルマはきつく、責任は重く、給料は安く、社内の人間関係は複雑怪奇。会社は早期退職者を募り、関連会社に出向させ、リストラする。心理的に針の筵のような会社なら、起業を夢見る者が増えるのは当然だろう。

しかし、安易な起業は失敗する。たとえばラーメン店である。ラーメン店は開店して一年で四割が閉店するとか。三年たてばさらに三割が閉店、三年以上営業できる店はわずか三割にすぎないとされる。店舗の賃借契約、備品・什器の調達、店員の確保、店の宣伝などに多額の経費をかけた上、閉店になれば、それらが全部持ち出しになり、備品・什器は廃棄処分される。

そのため、起業に絶対失敗しない方法として、①部屋や店舗などの場所に家賃を払わない、②人を雇わない、③在庫を持たない——の三つだという人さえいる。この三条件を守れば、少なくとも「職は失うし、借金はかぶる」といったダブルパンチからは逃れられる。

起業した人たちの話を聞いていて思うのは、好きな道を持つ人は強い、ということである。その道が好きなら、自然、その道に詳しくなる。道を歩く途中、苦しいこと、辛いことがあっても我慢できる。苦が苦でなくなる。だから仕事を続けられ、その仕事は世に定着する。つまり長期、安定的な生業《なりわい》になる。

好きということは、前の職場で得た知識、技術、人脈より大きいかもしれない。事実、前の職場と関連する分野での起業は思いの外少ない。すでにのれん分けや子会社化は無理な時代かもしれない。

反面、会社を辞めて、頑張らない生き方を志向する人たちもいる。あくせくしない。かつかつ食べていければそれでよしと考える。羊のように群れをつくらないけれども、草食的に生きていく。

これはこれで、脱力した今の時代の生き方だろう。本書で扱わせて頂いた中には、そういう人たちもいる。突き詰めれば起業に最低限の世智は必要であっても、成功原則はない。起業はなによりその人の生き方のはずだ。それぞれに取り組んで多様性の花を咲かせ、あるいは枯らしていく。

ここに登場する人たちはいずれも起業の先人である。彼らの体験から学べるものは多いはずだが、あえて成功ノウハウを抽出する必要はない。成功の閾値はそれぞれに違うからだ。

本書は月刊誌『ウェッジ』での連載「さらばリーマン」約百三十本の中から四十人の登場人物を選んでいる。編集に当たっては文藝春秋ノンフィクション編集局・大松芳男局次長のお手をわずらわせた。実名を出して本書に登場して下さった方々、ウェッジ編集部、大松氏に謝意を表したい。

二〇一九年四月

溝口　敦

第一章　起業の夢を実現する

旅行代理店を五十五歳で退職して葬儀会社設立　内山雅樹

　葬祭業は人の不幸を素材にする仕事なのか。そうではなく、人の不幸に区切りをつけ、新しい出発へと促す仕事ではないのか。

　内山雅樹さん（64歳）は九年前まで大手の旅行代理店に勤めていた。在社時、子会社を含め、今後有望な分野ということで案出しを求められ、迷わず「葬祭業はどうでしょう」と提案した。だが、上司は採用せず、人の不幸を素材にしないことはわがグループ会社の創業以来の伝統だ、と言った。

　そのころから内山さんはいつか自分で葬祭業をやってみたいと考えていた。高齢化社会に突入する日本では数少ない成長分野のはずだ。絶対、将来性がある。父親は戦後すぐ新橋駅前で放送設備など弱電の施工会社を営んでいた。子供のころから父親の姿を見ていて、いつか自分も独立して起業したいと考えていた。

猛烈に働き、年に二百日は海外

内山さんは一九四七年東京・中野区に生まれた。男ばかり三人兄弟の末っ子である。佼成学園から日大の経済に進んだが、四年のとき学園紛争のロックアウトで授業を受けられなかった。それを幸い、半年ほどアメリカをひとりで旅行し七〇年に卒業、旅行代理店に入った。

会社では営業に配属された。ちょうど大阪万博の年で、会社は目の回る忙しさだった。七三年のオイルショックはさほど影響がなく、七五年辺りから海外旅行熱が徐々に高まっていった。

都内ばかりだが、支店を何カ所か異動した。建築や家具関連会社など中堅・大手に飛び込みで営業をかけ、海外視察旅行などをまとめた。得意先を案内するため、年間二百日も海外という生活だったが、まるで苦しいとは思わなかった。根っから旅行も好きだし、なにより現場の仕事が好きだった。結婚し、子供もできたが、「亭主はマメで留守がいい」を楽しんだ。

三十九歳のとき、京橋支店の副支店長に昇格した。管理職だが、まだ現場に近く、部下や得意先とよく飲み、年間七十回もゴルフをした。

銀座、京橋、新宿の各支店長を歴任し、その後首都圏本部に引き上げられた。販売部長、管理部長と昇進し、関東・甲信越地域の全支店業務を統括する。出世にはちがいなかったが、現場から離れ、一抹の寂しさも感じた。最後は首都圏本部の副本部長で、役員の椅子が目の前にあった。

内山さんは有能な営業マンだが、望んで昇進したのではない。周りが引き立ててくれただけで、会社の地位に未練はなかった。

好事魔多しというべきか、新宿支店長だった四十九歳のとき、奥さんをがんで亡くした。彼女はその五年前、子宮頸がんを発症し、全摘手術をしていた。五年後がんが再発し、二度目の進行は早かった。

実はその一年前に実父と義父、義兄を相次いで亡くし、そうした葬儀はすべて妻の友人である葬儀社の役員が仕切ってくれた。彼女は葬祭業十年のキャリアを持つ。その仕事をまぢかに見て、内山さんは、できる人だなと思っていた。奥さんの葬儀も滞りなく彼女が進めてくれた。

妻に先立たれ、子供はおおよそ育っていた。できれば五十で会社を辞めたかったが、その後六年間、前記のように地位が上がって、辞めるに辞められなかった。

二〇〇二年十二月末、五十五歳で退職した。すぐ〇三年正月を迎え、一月十六日、中野区に葬儀社「アイユーメモリー」を立ち上げた。葬儀社は許認可業務ではなく、設立が簡単だったから、まず容《い》れ物をつくって、陣立てはその後だった。

葬儀のことは何も知らなかった。が、ひとりベテランがいればいい。奥さんの友人とは家族ぐるみのつき合いだったから、引っ張れば、来てくれそうな感触があった。併行して社員を募集した。一人を雇い、長男にも入ってもらった。その上で長男を他の葬儀社に送り込んで修業させた。

「女房の友達は前の会社にいろいろ引っかかりがありましたけど、無理を言って来てもらいました。全面的に信用できる人ですから専務で迎え、今も経理からして、見てもらってます。私が社長です。

当初は四人だけの所帯で、儲からないうちは役員は無給と決めてました。サラリーマン時代の貯えもあり、専務も裕福ですから、それほどギスギスしなくて済んだ。その代わり会社が回り始めたら、無給だった時分の手当ももらいました。

今年で創業九年、社員は十人になりました。いいときは年に三〜四回ボーナスを出す。社員としてはやりがいがあると思います」

内山さんの仕事は三年目辺りから軌道に乗った。葬祭業は営業がかけられる業種ではないし、リピーターに期待するのも不謹慎な話になる。しかし人の評判、口コミは確実に信用力となって成果に結びついていく。

「仕事を受けるためには、それなりにパイプをつくっておかなければならない。最初、働きかけたのは都立病院です。広尾、大塚、駒込、墨東、大久保、豊島と、都立病院はいくつもある。病院で亡くなる方が圧倒的に多いんですから、病院が紹介してくれる葬儀社になれれば、自動的に仕事が入ってくる。

ところが聞いてみると、葬祭組合に入っていないと入札に参加できない。で、葬祭組合に入ろうとしたら、新規参入業者の入会は認めないという。それで仕方なく、うちと同じような新規業者に声を掛け、新しく『愛信葬祭協同組合』を立ち上げ、入札に参加したんですけど、これが一度も落札できない。今のところ都立病院については実績ゼロです。

大手の私立病院には入ってます。病院の事務局長に会って、一度うちを使ってみるかという気になってもらう。バックリベートとかそういう世界ではなく、毎日、うちの社員が病院の霊安室の掃除に行き、花を飾るとか、年に一回ぐらい食事会をやるとか、その程度です」

この辺りのパイプづくりや根回しは内山さんがもっとも得意とするところだろう。旅行代理店時代の敏腕営業マンがそのまま生きる。

海外で亡くなった日本人を国内に搬入

　内山さんの会社は葬祭とは別に、海外で亡くなって遺体となった人の国内搬入も行っている。遺体を日本の遺族のもとに引き戻すためには、海外の日本大使館との折衝や書類づくり、通関業務、日本の空港での受け取り、国内搬送など、煩雑で注意深くやらなければならない仕事が山ほどある。

　内山さんは在外大使館との連絡や通関には手慣れている。人的パイプもあるし、ノウハウも身についている。そのためアイユーメモリー社は、ニュージーランドの地震で倒壊した建物の下敷きになって圧死した日本人学生や、韓国・釜山の射撃場で焼死した日本人観光グループなど、ほぼ一手に引き受けている。

　が、遺体の日本搬入と葬式は別である。葬式は全国各地で行われるから、基本業務はあくまでも遺体の日本引き戻し、搬入である。

「葬儀費用は曖昧で分からないところがいくつもあります。しかし今はインターネットで価格が公表され、比較対照できますから、それほどメチャクチャな料金はないはずです。

起業しても、社会に受け入れてもらえなければどうしようもない。私は運がよかったとはいえます。日々心掛けていることはお客さんに喜んでもらえる葬儀を、ということ。お客さんに無理をさせるような葬儀はしません。『こつこつとまじめに』が大事です」

脱サラして起業しても、八～九割は失敗する。その中で内山さんは前職とは違う仕事に飛び込み、一国一城の主となった。珍しいケースであり、内山さんから学ぶことは多そうである。

（二〇一一年八月号）

仲間三人で起業、二十二年間黒字経営を続ける　小路幸市郎

正直なところ、小路幸市郎さん（56歳）のキャリアは三十五歳までパッとしない。一九九四年、三十五歳になってから情報漏洩防止システムなどを手掛ける会社、サイエンスパークを設立以来、人が変わったように経営に取り組み、今では「生来、社長の器」といった余裕さえ感じさせる。若いころの何と何を足して現在地に立ったか、不思議なほどである。

五九年、北九州市小倉北区の生まれ。地元の小・中学校に進んだが、学校は荒れ、盗んできたバイクで廊下を走り回る生徒も珍しくなかった。幸い小路さんはワル仲間にならず、授業についていけない同級生に勉強を教えたりした。この荒れた中学校で真剣に生徒に立ち向かう若い女性の先生と出会い、教師に憧れた。県立戸畑高校に進み、ここで教師から「俺は教師に向いてないけど、それでも教師をやっている。お前は根っから向いている」と教師になるよう勧められた。教えること、人を育てることが好きなことはこのころから自覚していた。

七七年高校を卒業し、神奈川県相模原市にある職業訓練大学校（現・職業能力開発総合大学校）に進んだ。労働省（現・厚生労働省）の所管で、職業訓練指導員を育成する学校だった。座学の他に実技が重視され、一般大学の講義が四年間で二千～三千時間のところ、ここでは五千六百時間。夏休みが二週間しかなく、電気工学科で実技を叩き込まれた。小路さんは今でも自分でハンダづけできる。

寮に入って四年間、一部屋三人の暮らしだった。周りは桑畑で、中心市街の橋本には歩いて三十分も掛かった。入った硬式テニス部では、公式戦で二十八連敗するなど、さっぱり上達しなかったが、初・中級者の主婦などに教えることは得意だった。橋本にテニスクラブがあり、時給が千五百円、小路さんが教える生徒は「継続率が高い」と買われ、月二十万円ほどの収入になった。

稼ぎで寮の仲間に酒を奢るなどしたが、一時は教育心理学の単位を取り、訓練指導法を勉強。大学校を出た後、体育大学の大学院に進んで真剣に体育の教師になることを考えた。一方、授業で小型モーターの権威、見城尚志教授の教えに触れ、新技術を世に出す起業家になりたいとも願った。どういう世界に進むべきか、まだ進路を決めかねていたのだ。

だが、四年生のとき父親が死に、大学院に進むことは諦めた。八一年に卒業、給料をもらいながら学べる技術員制度の推薦をもらい、武蔵工業大学（現・東京都市大学）電気工学科に技術スタッフとして就職した。

が、起業への思いは抑えがたく、まず技術の第一線を体験することだと考えた。起業するにもまず技術と現場を知らなければ話にならない。

二年後、NECのロボットチームから独立した社員三人のベンチャー企業、メカトロニクスに転身した。ここでは財務、技術、営業などすべてを見ることができた。会社も急激に成長し、数年後には社員百人規模の会社に育ったが、余裕から手を出した土地事業に失敗して経営が傾き、社員が次々に退職、会社は潰れた。

八八年、ソフトウェア開発のベンチャー企業に再就職した。が、この会社も五年ほどで経営が悪化した。両社とも経営陣に財務や経理をチェックできる人材がいず、放漫経営の恐ろしさを痛感した。

九四年五月、自宅をオフィスにサイエンスパークを創立した。それまでのサラリーマン生活で失敗例を嫌というほど見てきたから、要するに前車の轍を踏まなければいいと考え、経営には自信があった。仲間はリストラされた友人、プログラミングなど仕事はできるが精神を病む友人の二人だった。

専門はソフト制作だったが、最初は「なんでもやります」のご用聞き商法に徹した。小路さん自身が上場会社を中心に約四百社を営業に歩いた。歩くうち、「お宅はドライバーを作れるの？」と聞かれた。

大手が嫌がる仕事に商機あり

ちょうどウィンドウズ95が出たばかりのころだった。プリンターやスキャナーをパソコンにつなげて動かすにも、ドライバーという一種のソフトを用意しなければ動かない。が、ドライバーは機器の付属物だから、直接お金になるものではない。そのくせ作るためには、①アプリの知識が必要、②ベースになるOSの知識が不可欠、③パソコンのハードを熟知、④わずかに出ているマニュアルは英語しかなかったから英語を正確に理解、⑤経験が必要――という面倒な作業であり、大手の社員が喜んでする仕事ではなかった。

会社に帰って仲間に聞くと、一人は「ドライバーなど聞いたこともない」といい、もう一人は「ある、ドライバー作りをやりたい」と答えた。小路さんはこれで受注を決意し、すぐレポートをまとめ、大手会社に提出した。

新製品の機器が出る度、ドライバーを用意する。OSもウィンドウズ、マック、リナックスなど、それぞれ専用のドライバーが必要だ。決して絶えることがない仕事である。事実、会社は順調に離陸できたが、二〇〇一年、会社の主要メンバーが独立して競合会社をつくった上、退職時に一部の情報を持ち出し、また消去する事件が発生した。

最初は訴訟することも考えたが、「これからは絶対持ち出されないことだ」と考えを変え、同社のデバイスドライバー技術を核とした情報漏洩対策ソフト「フォース・アイ」を自社制作した。これは記録媒体や紙へのデータ出力を禁止し、持ち出しを防ぐソフトで、情報の閲覧記録（ログ）も保存し、万が一の際の原因究明も容易にする。フォース・アイはサーバーに組み込まれるなど確実に市場の需要に応えた。

〇七年には情報漏洩防止機能を持つ「ノンコピー」も開発した。これは事前に登録したUSBメモリー以外では外部へのデータ保存ができない機能などを持ち、情報の外部持ち出しを不可能にする。こうした技術で開発責任者がマイクロソフトから表彰され、会社としても米国空軍科学研究所から特別賞を受賞するなど、独自のセキュリティー技術で世界に通用する会社へと育ったのだ。取得した特許は日本で十九件、全世界で計四十八件を数える。

しかも創業以来、二十二年間一度も赤字に陥ったことがなく、事実上の無借金経営だ。

〇四年には売上高経常利益率二十五％を達成し、稲盛経営者賞も受賞した。現在資本金四千万円、従業員は正社員三十四人、パートを含めて五十人と小さくまとまっている。小路社長は「レッツステップ」という書き込み式の小冊子を全社員に配っているが、そこには味読すべき言葉が記されている。

「クレームによって会社はつぶれないが、クレーム対策によっては、会社はつぶれる。クレームの発生に対して本人の責任を追及しないが、クレームの報告を怠った人へは処罰する」

「高給での人材の引き抜きは行わない。設備も人材も泥縄式対応を基本とする」

実践的で地に足がついた経営であり、社員教育である。優れた技術力と経営力をどこで手に入れたか、キツネにつままれた気がするのは筆者ばかりではあるまい。

（二〇一六年二月号）

タイヤ販売店と中華料理店を経営する女性社長　大野広江

大野広江さんは四十一歳になったばかりだが、東京・板橋でタイヤと中華料理、二つの店を経営している。一見控えめで、たおやかな感じだが、その実芯が強く、負けん気も強そう。高校時代、バレーボール部のキャプテンだったというのもうなずける。他の部員からいかにも頼りにされそうなのだ。

が、とはいえ、平坦な一本道は歩んでいない。途中、迷いやつまずき、停滞を何度も経験している。

一九六九年板橋生まれ。姉、兄、弟がいる。小学六年まで隣の埼玉・川口で育ち、卒業と同時に板橋区に引っ越した。小、中学時代は勉強、スポーツともできる子だった。ピアノや書道、水泳を習い、親から期待もされていた。中学でバレーボールを始め、進学校の都立北園高校に進んだ後も続けて、前記の通りキャプテンでエースだった。

「バレー一色で過ごし、気がつけば進路を考える時期が来ていた。だけど私には将来のビジョンが何もない。焦りました。とりあえず大学に行くのかなあと考え、小さいころ母に

『先生になりなさい』と言われていたのを思い出し、国立大の教育学部体育学科に進もうと共通一次を受けました。なんとか二次試験に進んだものの、陸上の八〇〇メートルで肉離れを起こして棄権。初めての挫折でした」

三度の挫折

一流といわれる大学に進んでから、やりたいことを見つけようと考え、浪人生活に入った。予備校は希望のクラスに入れたが、さあやるぞというとき家族内で問題が発生。親から頼りにされていた自分が解決に動くしかなく、結局、受験に失敗、二度目の挫折を味わった。父親は二浪を勧めたが、やりたいことも分からないまま、世間体のためだけに進学するような気がした。

父親は法人相手のタイヤ専門店を五店、東京、埼玉で経営していたから、経理でも習って、親の仕事を手伝うのが自然かと考え、税理士や会計士を目指す専門学校に入った。

「専門学校では朝九時から夜九時までひたすら暗記と問題集に向かい電卓を叩く毎日。面白くもなんともない。当時の勉強で会計用語や仕訳が分かるので、多少今の仕事に役立ってはいますが、あの日々は今思っても何だったんだろう、と。挫折というより、私には無理！　と思い知りました。卒業の時期になり、そのまま親の会社に入るよりはと思い、学校の推薦でスポーツ用具メーカーのA社に入りました」

A社ではウインタースポーツ用品を担当し、スキー用品の展示会などを手掛けたが、半年ほどで体調を崩して休職、そのまま退職に至った。

「OLの仕事は楽だったし、新人女子社員として可愛がられましたが、会社に慣れていなかったのか、体質的に合わなかったのか、とにかく面白く感じなかった。通勤途中でも出社するのが嫌になり、いわば拒否症。

これで三度目の挫折です。このときすでに二十一歳。これからどうしようかと考え、とりあえず車の免許を取り、医療検査会社でアルバイトを始めた。車で病院を回り、検体を回収する仕事で、短時間で稼げる。会社は厚木で、乗換駅の新宿で降りては怠惰な時間を過ごしてました。そのうちまた体調を崩し、家で寝込んで親に心配をかけました」

大野さんはスポーツで鍛え、体は丈夫な方という。が、精神や神経の失調がストレートに体に出た。

「回復してきたころ、親からいわれました。店には新しくパソコンも入るから、もううちの会社で落ち着きなさい、と。それで事務員として入社。夢中でパソコンを覚え、業界の専門用語を覚え、一人で請求書の発行やお客さんとの値段交渉ができるようになった。このころは父の会社も右肩上がりの業績で、忙しさを楽しく感じた日々でした」

父親の会社は大手の運送会社や工場相手の仕事がメインだったが、これからは一般個人客をターゲットにタイヤや用品販売を強化しようと、うち一店をリニューアルした。その店長に抜擢されたのがまだ二十八歳の大野さんだった。気性もしっかりしていたし、仕事にも熱心だった。

タイヤ交換は力が要る仕事だが、彼女は乗用車ばかりかトラックのタイヤやオイル交換を一人でこなし、トラックの下に潜り込んでの作業も買って出た。車に関する作業はおおよそ全部できる。いずれも見よう見まねで覚えたのだが、商談はできても現場を知らない、作業ができない店長では不甲斐ないと自ら思ったからだ。

「最初は『あなたがやるの？』と不安そうに見守る人がほとんどでしたが、どうせやるなら、女でもちゃんとやれるところをしっかり見てもらおうと。それで手際よく、格好よく作業できるように工夫し、それに専門知識やアドバイスを加えた話をするうち、思った通り、お客さんが感心してくれるようになりました。『女性なのにすごいね！ かっこいい！』と褒めてくれます。中には『何で女性で、しかも店長なのに自分で作業しなければならないの』と聞くお客さんもいます。『赤字で大変なんです』『会社が潰れても食べていけるように何でもやってます』と答えると、感心して新規のお客様の紹介など応援してくれるお客様が増えていきました。多少手先が器用だったこと、それにやる気と責任感が物をいったと思います」

大野さんが店長のタイヤ店は流行った。オープン当初、月の売上は二百万円足らずだったが、ほどなく平均五百万円、冬用タイヤ販売ピークの十二月には千二百万円の売上さえ記録した。千二百万円をスタッフ二人、土日の臨時バイト二人で達成するのは並大抵のことではない。タイヤ交換五台分二十本を連続でこなすこともしばしばで、そんなときにはナットを回すインパクトレンチさえ壊れた。

だが、右肩上がりは続かず、不況が父親の会社にも及んできた。〇七年、タイヤメーカーの経営指導が入って、父親は社長を辞して会長に退き、長男が社長を継いだ。それだけでなく、大野さんが店長をつとめる乗用車専門店の閉鎖が必要と提案されたのだ。五店舗あるうち一番家賃が高額だからという理由である。

料理店も手がける

「そうなれば私も店長としてお役ご免です。結婚してますから、他の店で事務員をやってもいいけど、それじゃ私のモチベーションが保てない。十年間この店をやってきて、一般顧客が八割にもなる新規開拓をして、現金売りを伸ばしたのはこの店だけなのに、なぜ閉める必要があるのか。思い悩んでいたら、父親が方向を示してくれた。『この店を独立させろ、お前ならできる！』と。母親も『この店には私たちも思い入れが深い。お前が守れるものなら守ってほしい』と言ってくれたんです」

タイヤ商売は単価も取引高も大きい。それを分離独立させて、自力で引き受けることができるだろうか。大野さんは少額でも確実に日銭が入る商売を同時併行させることで、二つをつなぎ、経営を安定させようと考えた。

国民生活金融公庫などからも融資を受け、まず地元で中華料理店をオープンした。〇八年十月ちゃい菜《な》食堂KIKOBOを開店。翌月株式会社C．Sを資本金三百万円で設立し、翌〇九年五月に念願だったタイヤ販売店を独立させ、今なお確実に融資の返済を続けている。とりあえず大野さんの起業は成功したのだ。

「社長業は決断業だということです。起業したらずっと『判断、決断』をして生きていく。

新たな出会い、可能性を呼び込むにはひたすら前を向いて歩いて行くしかない」
地元の板橋区が彼女を「創業支援ネットワーク専門員」に任命したほどで、いかに彼女が地に足をつけた経営者か、自ずと語っている。

（二〇一〇年九月号）

三菱系建機会社定年後に竹林ビジネスで起業　佐野孝志

佐野孝志さんは今七十六歳だが、気宇壮大な仕事を進めている。

日本の山野で荒れ狂う竹林を有効活用するため、竹粉製造機を開発・製造し、電子顕微鏡下で竹粉を観察・分析した上、土壌改良、飼料、食品、化粧品、バイオマスプラスチックなどに活用するため、何回も実用化試験を繰り返し、すでに一部は製品化している。およそ竹に関するかぎり、原料の入手・加工から製品化・販売に至るまで、全分野の研究開発を同時並行的に進めているのだ。

勤めを辞めたのが六十二歳のとき。直ちにかねてから目をつけていた竹に取り組んだ。佐野さんの考えでは、起業から二十年後の八十二歳まで現役として竹の事業化に取り組み、そのときまでに仕事に目鼻をつける。八十二歳で次世代に経営を譲って引退。さらに二十年後の百二歳まで生きて、悠々と老後の生活を楽しむという構想を持つ。

驚くべき計画だが、考えれば現在、身体が頑健な人は平気で寿命百歳を超える。百二歳は絵空事ではなく、現実性が高い。しかし、自分の寿命だけは誰にも分からない。がんや心臓病という伏兵がいつ飛び出してくるか知れたものではない。高齢者の多くは薄氷を踏む思いで毎日を過ごしているはずだが、佐野さんは自分の寿命を将来設計に組み込んで泰然としている。不敵すぎる胆力というべきだろう。

佐野さんは一九四二年、東京・東陽町の生まれで、八人きょうだいの下から二番目。一家は戦災で焼け出され、一週間ほど母親の郷里である群馬県安中市で過ごした後、父親の郷里である大分県の国東《くにさき》半島に移り住んだ。佐野さんが小学三年の夏、東京に舞い戻り、中野区鷺宮《さぎのみや》に居を定めた。

都立武蔵丘高校を経て、東京大学農学部農業工業科に進んだ。六六年に大学を卒業し、キャタピラー三菱に入社、当初は技術畑に配属された。以後、順調に出世し、二〇〇〇年には関連会社である西関東販社の社長に就任した。売り上げ低迷の販社の経営を立て直すよう求められたのだ。

「それまで西関東には本当の営業がなかったんです。得意先を一度も訪ねたことがない管理者さえいた。私の挨拶回りに担当者が同行するのはいいけど、私と一緒に先方の社長さんや担当部長に名刺を切っている。初めて顔を合わせたんでしょう。ひどいものです。

私が立てた目標は、得意先が必要とするものは、なんでも揃えてお届けすること。それがキャタピラー三菱で扱っている商品か、そうでないかなど関係ない。とにかく顧客のお役に立つ。社員にやる気が出れば、決して難しい仕事じゃない。もちろん社員の尻を叩くだけでなく、成績のいい人は褒め、優秀者は表彰する。これで営業の目の色が変わってきて、黒字に転換、全国の販社中トップの成績を上げるまでに立ち直りました」

会社はブルドーザーのトップメーカーだったが、一九八七年に新社名（新キャタピラー三菱）になったあたりからバックホー（油圧ショベル）が主力商品になった。一貫して土木・建設関係が得意先であり、その関係から「竹がはびこって杉やヒノキ林まで侵食する。何とかならないか」という相談も舞い込んだ。

当時、竹粉が土壌改良によく、田畑に撒けば収穫量が増すことが知られていたし、竹粉製造機さえ販売されていた。佐野さんは製造機を販社で扱い、三十台ほど売ったが、すぐその製造機には改良の余地があると気づいた。何しろ大学の農業工業科では半分以上の講義を工学部で受けたのだ。機械にはもともと強く、日ごろから親しんでいる。

竹の幹には無数の維管束がある。維管束中に乳酸菌が何億と生息している。竹をただ破砕すると、維管束が壊れ、せっかくの乳酸菌を殺して土壌改良の効果も落ちる。乳酸菌を生かすためには竹を数ミクロンの厚さで垂直に断ち切り、維管束の多孔質を残さなければならない。そこを改良するよう竹粉製造機メーカーの社長に伝えたが、社長は改良しようとはしなかった。

佐野さんは二〇〇三年、上席執行役員として本社に復職し、〇四年、常務取締役に就任した。〇六年六月に常務を退任、七月には東大大学院農学生命科学研究科の受託研究員の資格を得た。竹粉にしっかり取り組むためには電子顕微鏡や各種の分析機器など、科学技術を活用しなければならない。研究員の資格はそれを可能にし、しかも東大工学部や農学部の教授などに教えを乞いやすくした。

製造機を作り活用方法を考案

こうして佐野さんはまず高速竹粉製造機から作りはじめた。長さ四メートル、直径六〜一八センチの竹（主に孟宗竹《もうそうちく》）に対し、機械に超硬性カッターチップ（市販品を利用）二十八枚を取り付けることで粒度三〇〇ミクロンの竹粉を一日〇・八〜一トン製造できる。

全国の竹林は統計上一六万ヘクタールとされるが、実際には侵食でその三倍にも拡大している。竹は地表下五〇〜六〇センチにびっしり根を張り、豪雨時にはそれ以下に雨水を浸透させない。そのため地滑りや土砂崩れの原因にもなり得る。竹は「害草」なのだ（小杉山基昭著『竹を食う』の表現)。

竹林は竹材としての活用やタケノコの食用によって手入れされてきたが、近年、竹材はプラスチックに、タケノコは中国産に押されて放置され、今や竹林が他の樹林帯や里山を侵食、壊滅状態にまで追い込んでいる。

竹の猛威を阻止するには「竹は儲かる」が常識となるほど竹の経済価値を高める必要がある。そのための技術の前提がまず高速竹粉製造機なのだ。

竹粉の農業分野への利用としては次のような試験結果を得た。水稲栽培(玄米で四十%の収量増加)、ホウレンソウの実証試験で堆肥と竹粉を併用することで収量、糖度とも最高値を記録した。またサツマイモと白菜の試験では化学肥料と竹粉の組み合わせで収量がそれぞれ一・二倍、一・四倍になった。農林水産省の補助事業として南あわじ市の有機栽培農家でレタスの栽培にも取り組み、収量十三%増加、保存期間二週間への延長などの成績を示した。

畜産分野では黒毛和牛の子牛への竹粉給餌で好結果を得たし、二次破砕することで五〇ミクロン以下に微細化し、食品や化粧品、サプリメントに応用している。

中でも注目すべきはプラスチックへの竹粉添加だろう。竹粉を五十〜七十%の高濃度で溶融させることが可能と判明、その結果、プレス成形どころか射出成形が可能になり、曲げ弾性率が四倍に、荷重たわみ温度が一・五倍になるなど、目からウロコの結果を得た。

竹粉をプラスチックに混入できるなら、原料のナフサを節約できるほか、PLA（ポリ乳酸、植物由来プラスチック）に添加すれば、生分解性プラスチックの製造が可能になる。しかも原料として竹粉の使用量が大きいから、竹粉利用の最大手にもなり得る。

竹には製紙原料やシナチクへの加工など、他の利用策も検討されているようだが、なぜか佐野さんの竹粉利用が王道という気がする。川上から川下まで網羅し、活用分野の幅が広い。佐野さんが現役バリバリの後期高齢者であることは間違いなさそうだ。

（二〇一九年二月号）

証券会社の営業を辞め、築地のマグロ仲卸に　小川万寿男

証券会社の社員から築地市場の仲買人への転身は、かなりの変わり種だろう。小川万寿男さん（42歳）がその人で、今、従業員六人の有限会社を率い、マグロの仲買専門にバリバリ仕事をこなしている。身長一七五センチ、体重九三キロ。「引き締まったデブ」を自称しているが、若干小太りの方が長寿という研究もある。健康に不安はなく、体調は万全。順調に後厄を乗り切る構えと見た。

小川さんは言いたいことを歯に衣着せずに言う。さばさばして、明るい印象である。魚屋にぴったりの人柄だが、出身は福岡で、キリスト教系の幼稚園に入るまで福岡で育った。父親は水産会社に勤め、彼がちょうど幼稚園で賛美歌を歌い始めたころ、東京に転勤した。一家の移り先は隅田川を挟んで築地の対岸、勝どきだった。

「今思えば、地方の水産会社が競争して東京に支店を開く時期に当たっていたんでしょうね。勝どきは草ぼうぼうの野っ原で、もんじゃ焼き屋どころか何もない。えらいところに来たなと思いました。友達はすぐできたんで、毎日、草野球ばっかり」

会社を辞めた父

小川さんは長男で、二つ下に妹がいる。地元の小・中学校を卒業し、高校は駒澤大の付属に進んだ。銀座までバスで出、そこから地下鉄で渋谷、さらに新玉川線で用賀という経路である。都内でも有数の繁華街を通ったわけで、非行化する機会はいくらもあったろうが、硬派だった。

「ちょうどサーフボードの電車持ち込みが許可されたころで、週末となると千葉か湘南に行ってサーフィンです。それなりに規則正しい生活を送る生徒だったと自負してます。

高二のとき、父親が福岡の本社に呼び戻され、東京に家族を置いて単身赴任した。父にとっては栄転だった。ところがぼくが学校からしょっちゅう呼び出しがかかる。飲酒、服装、先生への口答えなど素行の問題です。その度に母親が学校に出かけ、頭を下げてましたが、何を思ったのか、父親が会社に辞表を出して東京に戻ってきてしまった。個人向けの物品販売で会社を興したんです」

小川さん自身は将来、体育の教師になりたかった。祖父も教師、父の弟も教師という教師一家で、自分の世代には自分の他、なり手がいない。それで日本体育大学へ進学したかったのだが、父親に「何考えてるんだ、お前」と一蹴された。辛うじて高校は卒業したのだが、教師を除くと自分が何になりたいか分からなかった。

「自分の道が決まらないなら、しばらくの間、止まって足踏みしてろ。見当違いの道に進むと、また戻って出直しになるから」と父親が言った。

人の親としては、なかなか言えないセリフだろう。で、二年間家でぷらぷらし、父親の仕事を手伝ったり。十八歳になり、車の免許も取った。父親に「俺にも車を買ってくれよ」とねだると、「車ぐらい自分で稼いで買え。お前も自分で商売してみろ」と言われた。

この父親の言葉が今の仲買人という商売に影響した、と小川さんは感じている。父親は「いい学校に入って、いい会社に入って」という親にありがちな発想をしなかった。小川さんはいわば独立自営を尊ぶ気概を父親から教えられたわけだろう。

手伝いをしているとき、先輩に「大学も出ないで商売してんのか」と呆れたように言われた。大学はそんなにご大層なところかと思い、二十歳のとき専修大学の経済学部に入った。

大学では勉強はそこそこに、スキューバダイビングのサークルを作った。男女誰でも迎え入れる計画だったが、不思議なことに在学中、ひとりとして女性の入部はなかった。男ばかり、体育会系のノリで伊豆半島の最南端、神子元島《みこもと》の民宿を定宿に、マリンスポーツに熱を上げた。

エコに関心があり、就職はゴミ処理装置などを扱う商社に内定した。ところが年が明けても就職先が決まらない友人がいた。つき合えと友人がいうので、就職説明会に同行した。何社かがブースを構え、志望者を待ち受けていた。当然、窓口に座る気はなく、待合室でブワーッとタバコを吹かしていると、係員が注意した。

「いかにもやる気なさそうで、感じ悪いね。一社でも二社でも話を聞くだけでも聞いたらどうなの。せっかく来たんだから」

それもそうだなと思い、会場に入ると長蛇の列のブースもあるし、閑散としたブースもある。どれにしようか迷っていると、K証券のブースで「いらっしゃい」と手招きされた。前に座ると、K証券がいかにいい会社か縷々《るる》説明した後、誘われた。

「何だ、あんたの家はうちの近くじゃない？　通勤に便利だ。本店には営業の人間もいるし、今から会って話を聞きなさいよ」

弾みで茅場町の本店に行くことになった。本店では「人事の人じゃなく、営業の話なら聞く」など生意気な口を利いていると、とりあえず近くの居酒屋で飯でもという話になった。そこに営業の課長と係長が現れたが、小川さんがああでもない、こうでもないと好き勝手を並べていると、相手は突然怒り出した。

「クソ生意気な学生だな。お前みたいな奴に入社されると、こっちが迷惑なんだよ。口先ばかりの人間は人の足を引っ張るだけ。これ以上、お前みたいな人間は要らないんだ。俺たちは今日、人事の手伝いで会社のカードを使い放題使える。これから俺たちだけで銀座に飲みに行く。お前は帰れ。頼むから入社するな」

そう言い捨てて、二人はタクシーを拾って消えた。小川さんは舗道に残され、どういう心理が働いたか、K証券に入りたいと願い始めた。

九三年、大学を卒業し、K証券の本店営業部に配属された。家族は全員、「人の恨みを買うような商売はするな」と反対したが、最後に父親は「営業になったからには一回でいい。トップになってみろ」と言った。

トップをとれ

同期入社は三人で、小川さん以外は国立大卒だった。彼らは苦もなく英語の原書を読破し、横文字の経済、証券用語を駆使したが、小川さんにはさっぱり分からなかった。弱ったな、これはと、新人研修の半年間、地獄の責め苦を味わった。

そのころ、最初に「お前なんか来るな」と面罵した課長と飲み屋で顔を合わせる機会があった。

「お前、ほんとに来たのかよ」と一笑され、「来なくていいよ」は営業トークだ。あれに引っかかった人間が何人もいる、と言われた。

K証券で小川さんは買われ、十年間の在職中、一度も支店に出されることがなかった。その間、中学の同級生で美容師をしていた女性と結婚している。辞める直前、月間成績でトップになり、父親の期待に応えたが、独立自営の夢は消えなかった。妻も小川さんの辞めたいという話に「あっそう？　いいんじゃないの」とあっさり了解してくれた。

最初は父が作って休眠状態だった物品販売会社を再興するつもりだった。が、準備に手間取るうち、アルバイトでもしようと思い、築地の卵焼き店で手伝いを始めた。と、そんなことならウチにと妻の親戚から声が掛かった。築地のマグロ仲卸だった。ここで〇二年から〇六年まで修業し、〇六年独立、仲卸の権利を買って自前で冒頭の会社を立ち上げたのだ。

「仲卸には営業を仕掛けない伝統がある。だけど新参者はお客ゼロだから、最初は山手線各駅の和食や鮨、図々しくもイタリアンなんかにも、飛び込み営業を掛けた。今じゃ恥ずかしくてちょっとできないけど、おかげでお得意さんが増えました。マグロのお客は証券のお客よりずーっと温かい。それに女房の母親が手伝い、ぼくの父親が配達してくれる。一家総出みたいな店ですよ」

大西洋の漁獲制限など、マグロの前途は必ずしも楽観できないが、少なくとも小川さんは地の利と人の和、父親の薫陶を生かして船出した。幸せな起業といえよう。

（二〇一〇年七月号）

東大卒の元予備校講師が「乗換案内」で大成功　佐藤俊和

出張や旅行に出る前、「乗換案内」の世話になる人は多いにちがいない。何時にどの駅で乗って、どこを経由し、何時に目的地に到着するか。時間から料金まできちんと出てくる。スケジュール立てや旅費の精算など、これなしにはやっていけないと思わせるほど便利である。

この「乗換案内」は一九九四年の発表・発売以来、「ジョルダン」（東京・新宿）が出している。七九年の創業から同社の社長を続けているのが佐藤俊和さんで、全共闘世代（60歳）である。

佐藤さんは六八年、東大理Ⅰに入学して三カ月で無期限ストを迎えた。大学の講義は吹っ飛び、街に出るか、本を読むか、活動家になるか、自分で自分のやることを決めなければならなくなった。

「福島から出て来たばかりで、これは何なんだ、と。世の中のことを考えさせられました。当時は『朝日ジャーナル』片手にジャズ喫茶に行くのが流行みたいなもので、私も廣松渉

（哲学者）や埴谷雄高（作家、評論家）、吉本隆明（思想家）などを読んでは仲間と話していました。

ぼく自身はノンセクトラジカルというか、はっきりいえば野次馬根性で皆の尻にくっついて10・21国際反戦デーやべ平連などの集会に出ていた。あまり勉強しないですんで、面白い時代でした」

佐藤さんは四九年福島県白河市の生まれ。小さいころ父親が結核を発病、ストレプトマイシンのおかげで退院できたものの自宅療養となった。本好きで寝ながらよく本を読んでいたが、それが感染《うつ》ったのか、佐藤さんも手当たり次第乱読するようになった。怪盗ルパンやシャーロックホームズ、吉川英治、中学では『カラマーゾフの兄弟』まで読んだ。小六のとき一家は福島市に引っ越したのだが、家が狭く、窓を開けると隣の中華料理店から歌謡曲が流れてきたから、図書館もよく利用した。

「大学に行くとき文科系もいいなと思ったけど、意外と数学が好きで、当時は数学ができるなら理科系に進むっていう流れがあり、それに乗ったわけです」

東大理Ⅰに現役で合格したが、前記の情況で勉強どころではない。

「コンピュータ・シミュレーションが出始めたころで、これだと化学でもビーカーやフラスコを振らずにすむ。面白いなと思ってコンピュータの原理的なことに興味を持ちました。端末なんかない時代で、都市工学科の計算センターでコンピュータを走らせなければならない。順番を待つ間、碁会所で囲碁を打ったりしてさぼってました。新分野ですから、皆よく分からない。いい加減にやれた面があります」

全共闘が集った—T

大学三年のとき「東大生が中学生を教える」をキャッチにした「学力増進会」の先生にならないかと誘われた。東大医学部全共闘議長だった今井澄さん（後に諏訪中央病院院長、参院議員）が「学増」のトップだった。佐藤さんは誘いに乗り、中学生に数学を教え始めた。

「当時予備校やコンピュータの世界には全共闘がいっぱいいた。案外いいお金になり、いい生活ができる。それでずーっと枠を外れていく。ぼくも大学を一年留年して一年ぶらぶらし、大学院に二年間通い、博士コースに行こうか考えたりしていた。

だけど予備校の先生をやるうち、教えることに飽きてきた。教える内容が毎年同じだから飽きます。その点、コンピュータは面白そうだなと思っていたら、二年先輩がコンピュータ会社に入って辞めて、今度自分が入る会社に一緒に入らないかと誘ってくれた。

エス・ジーという会社でしたけど、じゃーと入った。七六年、二十六歳でした。社員二十人くらいのベンチャー企業で、マイクロソフトより早くオフコンのOSをつくろうとしたり、システムの受託などもやっていた。優秀な人が集まっていたけど、販売が難しい。

ぼくはプログラムを書くのが好きで、仕事も早く、週二回も働けば十分こなせた。だけど会社は業績が振るわず、入社三カ月で給料の遅配が始まり、ボーナスも出ない。社員は三々五々辞めていきます。

七九年、三十歳のときどうしようかなと考えた。就職する手はあります。だけど専門の化学工業だと、どうしても工場が地方になる。就職すれば、こんなに楽しい東京を離れなくちゃならない。それならいっそ自分で会社をつくろうかと思った。起業するにしろ戦略性がなく、モラトリアムの延長のわけです」

佐藤さんは苦笑いする。

エス・ジー社の仲間三人がカネを持ち寄った。合わせて二百万円ちょっと。これでは借り事務所の保証金で終わってしまう。同じころ予備校時代に数学科の先輩だった東條巌さんが東京・大久保に数理技研という会社を立ち上げた。後に東京めたりっく通信というA

DSLの会社を興す人だが、この東條さんが「フロアが空いてるから来ないか」と声を掛けてくれた。

数理技研に間借りして七九年十二月株式会社ジョルダン情報サービスを設立した。社名はフランスの数学者カミーユ・ジョルダンから頂いたものという。

戦略なき起業

「会社はつくったものの、正直いって何をやりたいか、よく分からない。まあ、物づくりが好きだし、技術があれば稼げる。一人でやるのも辛気くさいから、皆でやれば面白いといった程度の発想です。

当時はテレビゲームのインベーダーが流行り、ユーザーとして面白いと思った。それでうちでもムーンクレスタやクレイジー・クライマーといったゲームソフトをつくった。うちの初期のヒット作で、ワールドワイドなヒットになった。こういうゲームソフトをしっかり管理していたら、ビルが建ったかもしれないと後から人に言われて。ぼくはヘタなマネージャーなんです」

「乗換案内」開発のきっかけはこうである。エス・ジー社時代、横浜市水道局のシステムづくりを担当して、水道管を最短ルートで結ぶという課題をグラフ理論で解決できた。そのとき、これは都市間交通にも応用できると感じた。が、思うだけで手をつけないうち、八八年ヴァル研究所が路線・運賃早わかりソフト「駅すぱあと」（首都圏版）を発売した。佐藤さんはこれを知り、猛烈に口惜しくなったという。

「俺たちも考えていたソフトだ。これからは受託もいいけど、自社ブランドをつくっていかなければと開発に踏み切りました。キーボードなし、マウスだけで使えるソフト、せっかちなビジネスマンの用に足りるソフトというコンセプトです。今思えば販売も知らない人間が無謀なことをやったと思いますけど、九四年三月に東京乗換案内、同年十二月には全国版の発売に漕ぎつけてます」

最初は時刻表を手入力で打ち込んでいたが、九八年JRが時刻表の販売に踏み切った。これを機に日立やJTBなど大手が経路検索の市場になだれ込んできた。ジョルダンは全国の私鉄まで時刻表を調べて入力、大手に対抗した。今はバス路線にまで拡大しようと準備中である。

会社は八九年ジョルダンに社名変更し、二〇〇三年ヘラクレスに上場した。佐藤さんの経営指針は、もの作りの集団である、個を大切にする、小さな会社の集まりでありたい

——であり、すでに三社を子会社に持つ他、出版やオピニオン誌『表現者』の刊行、ウェブやケータイでの「読書の時間」サービスや「10分で読める小説大賞」の公募など、ソフトから広く文化文芸の領域にまで及んでいる。

佐藤さんに高ぶったところはなく、言葉を選び、選び、諄々と説くようなところがある。どこに行くか分からない者がもっとも遠くまで行くという言葉を、なぜか思い出す。モラトリアムには豊潤な一面がある。

（二〇一〇年三月号）

ビジネスで花開いた異色の元プロ野球選手　小野剛

プロ野球の選手が引退して商売を始めたところで、どうせ失敗するだろうと、たいていの人が思う。わずか一～二年で商売をつぶし、投下した資本は雲散霧消、借金を抱えるのが関の山というのがふつうの感想のはずだ。

ところが投手として巨人や西武に在籍した小野剛さん（35歳、二〇〇六年解雇）は違う。七年前、野球から足を洗って実業の世界に乗り出したのだが、今の年収は現役選手時代を軽く超え、悠々妻子を養っている。

会ってみると、なかなかの豪傑である。身体が大きい。身長一八六センチ、体重一一五キロ、胸囲一一七センチ。話し出すと言葉が途切れず、ワハハと豪快に笑う。源頼朝が「大将はしゃべらないとならん」と言ったそうだが、まさしく大将の器を思わせる。頭の回転も速く、話は的確、人を飽きさせない。

一九七八年大分の生まれ。父親は県の土木事務所で設計や地上げを担当していた。母親が「男はでかくなくちゃ」という意見の持ち主で、水がわりに牛乳を飲ませた。毎食、飯と同量のちりめんじゃこ、おやつはイリコやシシャモ。おかげで骨折を経験したことがない。今でも小野家の冷蔵庫で水分といえば、牛乳である。

百人一首、水泳は九州チャンピオン

小学校時代は水泳をやり、自由形で九州チャンピオンになった。他方、百人一首が盛んな土地で、百人一首も得意だった。九州大会で優勝経験がある。

だが、水泳は現役を離れればコーチぐらいにしかなれないと見限った。中学から野球を始め、中三で九州大会に出場、一四〇キロの速球を投げた。なにしろ身長が今と同じ一八六センチの怪童である。足が異常に速く、成績も学年トップ、ワルではなかったが、学校の不良どもを束ねていた。さぞかし女生徒にもてたはずだが、女の子たちは異形に恐れをなして近寄らず、バレンタインデーに一度もチョコレートをもらったことがない。後年、同窓会で「実は私好きだったのよ」と告白され、「そういうことはあのころ言ってくれよな」と口惜しい思いをした。

野球推薦で桐蔭学園高校（横浜市）に進んだが、意外なほど伸びなかった。投手から外野手に転じたり、自分なりに工夫したのだが、ついにレギュラーにはなれなかったのだ。

「パワーだけで、身体の使い方ができてなかった。投手は先にコントロールで、スピードは後からつける。それがぼくの場合は逆で、伸びしろがない。身体だけでなく、手や指先の器用さとか、そういう感覚をうまく使いこなせなかったから、選手として長続きしなかった」

今はあっさりこう言うのだが、当時は苦しみ抜いたはずだ。人一倍身体に恵まれていながら、試合に出られない。生まれて初めての挫折体験である。

指定校推薦で武蔵大学（東京都練馬区）に進み、野球部に入った。ここでまた投手に戻って見事に花を咲かせる。もちろんレギュラーである。通算三十七勝をマーク、首都大学野球二部の記録を塗り替えた。〇一年、ドラフト七位で巨人に入ったが、また不調に見舞われ、一軍にはなれず、わずか二年で解雇された。

巨人軍に入った年、大学のときからの彼女と結婚し、子どもも生まれていた。クビを切られ、親子三人どうやって食べていったらいいのか。お先真っ暗だったはずだが、小野さんはここでも土俵を割らなかった。〇三年、イタリアの東部、やや北側のサンマリノに一家で移住し、セリエAに属する下位チームの投手になった。一年契約だったが、ふつうの戦績を残せ、ほっと一息つける思いがしたという。

「お金はなかったけど、気候はいいし、危険もない。楽しかった。生涯最高。老年になったら、また移住したい」

日本に帰れば、また野球が唯一手についた職になる。そのためにシュートを物にし、投法もサイドスローに変えた。日本のプロ野球で通用する力をつけなければ家族が路頭に迷う。必死になって、夜、プロ野球関係者に手紙を書きまくり、テストを受けさせてほしいと懇願した。

同年のオフ、一時帰国し、西武ライオンズの入団テストを受けた。

「テストは伊東勤コーチ（〇四年から西武監督）が見てくれた。西武がダメだったら路頭に迷う。これでもかという思いで、打席に立っていた伊東さんの胸元を抉るシュートばかり投げました。伊東さんはこっちの思いを汲み取ってくれて、『採ることにする。だけど、おまえ、このことを記者に聞かれても言うなよ』。

そのときすでにチームの選手枠は埋まっていた。だけど伊東さんは誰かひとりを解雇して、ぼくを採ってくれたわけです」

〇四年小野さんは西武に入団し、中継ぎとして十一試合に登板できた。奇跡的と言っていい。ジグザグ路線を描きながら、ついに日本のプロ野球に復帰できたのだ。

「一軍には数カ月いられたけど、当時はどっぷりサラリーマン気質丸出しで、びびりまくってました。ここで失敗したらクビになる。毎回、薄氷を踏む思いで投げていた。今は何でも来いという気持ちですが、当時、強い気持ちでマウンドに立てていたら、まだ現役でやれていたはず。残念です」

選手は実力がもろに出る商売である。登板ごとに実力が試される。厳しい。腕に自信がなければ、せっかくの登板のチャンスが針のむしろになる。

〇五年二軍に落ち、〇六年は一試合に登板、三回無失点という結果を残したが、練習中にイップスを発症して投げられず、戦力外通告を受けた。

電話帳検索から始まった第二の人生

これで野球を生計の途とする人生設計は行き止まりになった。もうイタリアに一時避難することもできない。二十八歳。子どもは三人に増えていたが、野球以外で稼いだことはなく、稼ぎの方法も知らない。

いったいどうしたらいいのか。誰に相談したらいいのか。奥さんは「肝が太いのか、鈍感なのか」、こういう事態になっても泰然自若としていた。それが唯一の救いで、小野さんは電話帳を「あ」の行からめくり始めた。と、安達智彦先生とある。武蔵大学経済学部の学生だったころ、お世話になった金融ゼミの教授である。電話すると、「とりあえず大学院に戻ったらどうか」と言ってくれた。

安達教授に会うタイミングはぴったりだった。「自分が頼まれている仕事がある。それを手伝ってくれないか」

で、不動産会社である東海住宅に入り、プロ野球選手専門で住宅の販売や賃貸を扱い始めた。選手はふつう高収入だし、移動することも多い。必要もないのに高額物件を買いたがる選手もいるが、小野さんは選手の状況を冷静に見て、選手が損をかぶらないよう、あえて賃貸を勧める場合がある。高い物件を右から左に転がして手数料稼ぎはしない。選手の現実を知っている小野さんだからこその良心的商売である。

大学院では一〇年に経営、金融で修士課程を終えたが、その間も野球選手やミュージシャンをマネジメントする株式会社GSLや、会津の芦ノ牧ホテル、不動産などの吉祥ハウジング、有料で野球少年を育てる公益財団法人「狭山西武ボーイズ」などを設立した。

多方面の事業はトントン拍子に成功している。が、今でも野球を忘れたわけではない。二人の息子には野球をやらせているし、球団のイベントを手がけたり、チームの弁当を調達、配達する仕事にも手を出す。他の野球選手の再就職先を確保しておきたいという考えからである。

子どもの学校のＰＴＡ会長もつとめ、「うちには子どもが三人いる。最後の子が卒業するまで後七年は会長を続けるぞ」と息巻き、微温派を震え上がらせている。

とにかく元気で行動力がある。

「家族が困らない程度にお金があれば十分。子どもが私立の学校に行きたいといえば出してやれる程度でいい」

小野さんはプロ野球出身者としては異色である。優れて良質な実業家兼生活者という匂いがする。


（二〇一三年八月号）

元グリコ社員が「前掛け」で見つけた商機　西村和弘

世代によっては「前掛け」が何か分からないかもしれない。私のように古い世代なら八百屋や酒屋のおじさん、手で重量物を扱う人など、なんとなく絵が浮かんでくる。前掛けはいわば胸当てのないエプロンの頑丈版だ。腰紐をへそよりやや下でキリッと締めて、ズボンを汚すことなく荷の積み卸し作業などができる。

街で見かけることが少なくなったが、日本伝統のこの前掛けを復活・普及しようというのが有限会社エニシングの西村和弘社長（41歳）。前職が江崎グリコの営業マンでアイスクリームを担当、西東京の量販店などをコツコツ回った。

一通り経歴を記しておこう。一九七三年、広島市生まれ。曾祖父は戦前、軍に納入するなど、広島最大のパン屋を営んでいた。九州にまで支店を広げたと、西村さんは曾祖母から聞いたことがある。父親も独立自営の血を引き、脱サラして広島で工務店を営んだ。父親がよく口にしたのは「鶏口となるも牛後となるなかれ」で、西村さんも子供のころから「いつか自分で商売を」と刷り込まれていた。

広島は戦前から移民を輩出した地域である。西村家にもロサンジェルスに住む親戚がいる。親戚は二〜三年に一度来日して広島を訪れる。幼い西村さんは、日本人の顔でいながら日本語をしゃべれない親戚が不思議だった。

西村さんは「貿易学科」を持つ中央大学商学部に進み、三年生のときカリフォルニア大学アーヴァイン校に一年留学した。九六年三月、中央大学を卒業し、江崎グリコに入社した。

「自分で車を運転して西東京のスーパーなどを回りました。回っているうち、気がついた。他社の営業はたいてい自分のところの商品しか説明しない。だからバイヤー（小売店の仕入れ責任者）はその商品の全体像をつかみにくい。ぼくは世の中で今、どのような商品が売れているか、トレンドは何か、などを簡単にまとめ、バイヤーに説明した。バイヤーだって自分の成績が上がるような情報がほしい。喜ばれました。

こういうことをやっているうち、バイヤーから信用され、人間関係ができてくる。お宅の商品でコーナーをつくってよ、と思わぬ許可さえもらえる。アイスクリームは冷凍食品のサブですけど、全体的に自社商品の売り上げが上がっていく。向こうの主任がぼくに店のデータをくれ、ぼくはそれを本部に上げる。と、開発部が注目し、一緒になって商品開発をやろうとなる。

ぼくのサラリーマン経験は五年足らず。ペーペーでしたけど、三年目くらいからは先輩を差し置いてリーダー的に振る舞えるようになりました」

江崎グリコでは創業以来、プッシュよりプル戦略、「カネを使うより智恵を使え」を社是としていたそうだが、西村さんのやったことは社是の忠実な実践といえる。グリコ魂と大阪商法はしっかり西村さんの身についた。

入社五年目、西村さんは退社を胸に秘め、三カ月ほど「創業者塾」に通って起業を模索した。勤務は順調で、役職にも早くつけた。本社に行けば自分を頼りにしてくれる。五年後を考えると、そこそこ会社に大事にされる自分の姿が見える。想像できる人生を送りたくないな、と西村さんは感じた。いくら恵まれても「牛後」の小成に甘んじたくなかった。

父親に「会社を辞める」と話すと、案に相違して反対された。会社でも反対され、引き留められた。ある役員は、君には期待している、君の希望通り将来は海外にも行かせる、と引き留めたが、一度こうと決めたら路線変更しない頑固さが西村さんにはあった。

二〇〇〇年十月に会社を辞め、エニシングを創業。最初に手掛けたのは漢字をプリントしたTシャツの製造卸だった。浅草橋の問屋街で無地のTシャツを仕込み、自社で漢字を染めた。最初は皮肉シリーズで「無駄飯」「言わば言え」など。次が偉人シリーズで、吉田松陰、坂本龍馬の言葉を書いた。

ネットも使い、そこそこ売れたのだが、今一つパッとしない。そこで偉人の地元を訪ね、現地の記念館や博物館に営業を掛けた。その際、心掛けたのは「一枚からつくります」というトークだった。小売りは在庫を持ちたがらない。少量仕入れなら安心できるが、注文するときには百枚、二百枚と膨らみ、結果は同じになる。

Tシャツで四年ほど食いつないだ。そのころ浅草橋でプリントしていない無地の前掛けを見つけた。試しに買って文字を入れ、ネットに出したところ、三枚売れた。ほどなく自社のホームページを見たといって電話が掛かってきた。兵庫の酒蔵が百枚、製氷組合から二百枚、それぞれ注文の文字を入れた前掛けを大至急ほしいと言う。

早速製作に掛かったが、肝心の無地の前掛けの数が揃わない。問屋筋は在庫を持っていず、数次もの流通をくぐっているから、製造元がどこか把握していない。このときには融通してくれる店があり、何とか注文に応えられた。が、今後のことを考えれば、製造元を確認、関係をつけておかねばならない。

西村さんの「前掛けは日本のどこで織っているか」という製造元探しが始まった。容易に分からなかったが、半年ほどたった〇四年、友人から吉報がもたらされた。愛知県豊橋市で細々と前掛けづくりが続いている――。

早速、現地の工場を訪ねた。自前の古ぼけた工場で古い豊田織機を使い、手伝いと奥さんだけでやっている高齢の工場長が教えてくれた。前掛けは死にかけている、需要が減り、後継者はいず、自分もそろそろ工場を畳もうと思っている、と。

商機を見出し一気に決断

現地では宮崎や鹿児島で紡がれた太い木綿糸を巾《はば》四七センチに織り、染め、腰紐をつけるといった作業を分業化、それぞれの職人が近所に集住していた。職人たちは一つ仕事をシェアして「数千枚の注文だ」と喜びを共有している。ある職人は「前掛けに先はないよ。Tシャツを続けた方がいい」と忠告してくれたが、帰りの新幹線の中で西村さんは「Tシャツは止めた。前掛けに賭けよう」と逆を決断した。前掛けを絶滅させたくないという使命感もあったが、なにより前掛けはこれから商売になる、復活する目がある、自分にしかできない仕事だと予感したのだ。

市場でわずかに流通している前掛けは生地が薄い三号だった。当初、西村さんも三号を手掛けたが、販売しているうち、「昔ながらの頑丈な前掛けがほしい」という声があった。豊橋での職人のキーマン、芳賀正人さんに相談すると「丈夫なのは一号前掛けだ。値が張り、手間がかかるからもう四十年もつくってない」と一度は製造を断られた。それを拝み倒して一一年に復活、自社で扱い始めた。

今、社業は順調である。サントリーが「樽生達人の店」に前掛けを採用してくれた。ニューヨークやロンドンの和食店でも採用が続いている。芳賀さんには織り技術の後継者を育ててほしいと頼み込み、社員を芳賀さんのもとに派遣、ゆくゆく豊橋の現地に自社の前掛け一貫製造工場をつくる計画も立ち上がっている。「自分にしかできない仕事」が世に容れられる幸福を西村さんは味わっている。

（二〇一五年五月号）

第二章　故郷で第二の人生を

亡き父の田でドローン操る次世代の稲作　数馬誠司

やり方によっては農業は儲かるのではないか、自己判断で農閑期の冬にはまとまった休みが取れそう、など、これまでの農業への考えががらっと変わりそうなのが石川県白山市、数馬誠司さん（41歳）の話である。

数馬さんは自分がやっていることを快活に語っているだけで、別に「農業愛」を煽っているわけではない。だが、なぜか話に惹《ひ》き込まれる。若くて、将来、何をやるか迷っている人なら、「俺も農業をやってみるか」と思うかもしれない。

数馬さんは兼業農家の生まれだが、三十五歳まではコピー機のサービスマンだった。農業という点では、父親の手伝いでコンバインで収穫された約三〇キロの籾《もみ》袋を運んだり、稲刈りを手伝ったりした程度らしい。

親の手伝いよりラジコンの車に夢中だった。小一から始め、中一ではオフロードのレースにも参戦した。オンロードもやり、一時はドリフト走法（車の尻を滑らせて走る）に熱を入れた。市販品の改造にも取り組み、モーターの銅線を巻き替えたり、エンジンのパワーアップまで手掛けたというから本格派である。

車が好き、ラジコンが好き、機械をいじるのが好き、修理が好きという傾向は成人後、コピー機のサービスマンでも役立ったし、無人ヘリやドローンを飛ばして薬剤散布や播種《はしゅ》をする今の農業にも役立っている。

小学生のころから体が大きく、中高ではバスケットボールをやった。今でも体には自信があり、二〜三時間睡眠を何回か繰り返す断続睡眠を続けている。

金沢市立工業高校の電気科に入り、一九九四年に卒業、ミノルタ事務機販売（現・コニカミノルタ）金沢営業所に勤めた。仕事は顧客を訪ね、コピー機を点検、修理すること。後から営業ノルマも加わり、販売にも当たった。

「当時はまだアナログの時代でしたから、コピー機の中はベルトや電磁クラッチ、ローラーなど昔ながらです。バラして掃除し、サンドペーパーでさびを落とし、オイルを塗る。これでたいていの不具合が直りましたんで、毎朝『今日はもう少し複雑な修理が入ってないかな』と思ってました。

修理の様子をお客さんが見守ってくれると、余計やる気が出て、とうとう説明し、かつ修理する。自分ながらカッコいい仕事だなと思ってましたし、人に話し、説明し、修理するってことが楽しく、大好きでした。月に百〜百二十件を担当し、全国にサービスマンは二千人いたけど、半期の実績で二位に入ったこともあります」

機械いじりが好きなのは父親の血だったかもしれない。父の本職は工場など大型の建設現場で溶接などを行う鉄工マンだったが、農業にも熱心で、田植え機やトラクターなどは自分で修理した。水田でもそれまでの田植え式から種子の直《じか》まきに変え、特に一本の苗からの分《ぶん》けつをどうやったらアップできるか、大学の先生に教えを乞うたりしていた。なにごとにも研究熱心で、地元では篤農家として通っていた。

が、数馬さんが二十四歳のとき父は車の正面衝突で死亡した。父に代わり誰が田の耕作をするのか。仕方なく旧知の農家に田を借りてもらった。

父が死んで一年半後、結婚した。二〇〇二年だった。妻も土いじりが好きで、結婚後も小松菜やホウレンソウの農園、梨園などでパートをした。子供が三年ごとに四人も生まれた。手もかかり、お金もかかり、安定した収入源が必要だったから、会社は辞められなかった。

そのうち田の耕作を頼んでいた農家の当主は年々体が弱り、そのまま農業を続けるのは無理と分かった。当主の息子は郵便局に勤め、農家を継ぐ気がさらさらなかった。それで数馬さんは自分の田を引き取り、併せて依頼先の田の面倒も見る覚悟を固めた。それまでと立場が逆になった。

数馬さんは妻にも背中を押され、一二年、三十五歳のとき会社を辞めた。仕事は楽しかったし、続けられるものなら続けたかった。会社も優秀な戦力である数馬さんを手放したがらなかった。名古屋のセンター長はわざわざ金沢に来て、「ちょっと待ってくれ。一年後じゃダメなのか」と言ったりもした。だが、数馬さんが優先したのは実家の農業だった。

先端技術駆使して効率化に挑む

それまで耕作を依頼していた農家の当主に一年ほど弟子入りして、施肥や病害虫の駆除、水利など、米づくりの全般を教えてもらった。県にも「会社を辞めて農家を始める」と相談に行ったところ、係員から「会社を辞めるのはどうかな」と思案顔をされた。

他方、これからの農業は無人ヘリの時代だと考え、二十四日間、五十万円をかけて操縦免許を取った。もともとラジコンが趣味だったから、勉強は楽しかった。現在は隣の市の農業用無人ヘリのオペレーターを引き受けている。

農家を始めて二年目に農家の当主から田を引き継ぎ、耕作面積は合計一一ヘクタール

（約十一町歩）になった。昔で言えば大地主の規模だろう。同時に農機具もその当主から農協の査定価格二百四十万円で譲ってもらった。

三年目の一五年には農水省が農業用ドローン（マルチローター）を認可した。数馬さんは早速、操縦法をドローン会社で習い、指導教官を任されるほど熟達した。無人ヘリは約千五百万円もしてとうてい買えなかったが、ドローンは本体が約二百五十万円、バッテリーやプロポ（プロポーショナル。送・受信機、スピードコントローラーなど）を合わせ三百万円ちょっとかかったものの、こちらは購入できた。播種や除草剤の散布で省力化や作業時間の短縮に威力を発揮している。

水稲直まきでは育苗や田植えを省略できる。直まきの方法としては多目的田植え機やドローンを使うやり方があり、田の状態も水を張った湛水《たんすい》直まき、水を張らない乾田《かんでん》直まきがある。また種についても鳥の害を防ぎ、健康な出芽や根の張りを確保するため、過酸化カルシウム剤をコーティングしたもの、鉄をコーティングしたものなど、種々技術が開発されている。

不勉強ではとうてい発展する技術についていけない。幸い数馬さんは父親と同様「篤農家」で、新技術の吸収、応用に熱心だから、最新の農法を使いこなせる。現在、田と畑一五ヘクタールを悠々と耕作し、田ではコシヒカリや酒米をつくり、畑では麦、大豆を手掛けている。

日本には食の安全、環境保全、労働安全の向上を図るJGAPという認証制度がある。残留農薬や食中毒、異物混入、重金属、放射能などの問題に対応した基準だが、数馬さんの耕作地は早くもJGAP認証農場となり、安全な農産物づくりを目指している。従事者としては数馬さん夫婦二人がいるだけだが、収入はすでにサラリーマン時代を超え、耕作地が現在の倍、三〇ヘクタールになっても十分対応できるという。

後継者難で営農を諦める農家がある一方、農地の耕作を一手に引き受ける数馬さんのような農家が生まれている。人力集中型の農業は過去のものになりつつあるのかもしれない。

（二〇一八年七月号）

経済危機にあえぐ奄美にUターン起業　迫田真吾

奄美大島は佐渡島に次ぐ大きな島だ。沖縄に比べて緑が濃く、手つかずのまま残された自然が多い。ここで生まれ育った人が故郷に強い愛着を持つのは理解できる。亜熱帯と温帯が混じり合った気候、自然、食べ物など、よそでは出会えない風物が少なくない。

迫田真吾さん（31歳）も奄美の吸引力で島にUターンした一人だ。

一九八二年、奄美の名瀬浦上町の生まれ。四人きょうだいの次男で、家は母親を中心に食料品店をやっていた。小学生のころは近くの川でエビを獲り、相撲をやり、柔道を習った。相撲では五人勝ち抜き戦で三回も優勝するなど、元気で活発な子どもだった。中学生になって野球を始め、鹿児島県立大島高校に進んでからは応援団に精を出した。かたわら兄に譲られたエレキギターをかき鳴らし、一時はギタリストになることも夢見た。

しかし高校時代は奄美の良さに気づかず、島を出たい、東京に行きたいとだけ思っていた。が、母親は「公立ならともかく、私立大学に行かせるお金はない」と釘を刺した。そこで「茨城なら関東圏だ、東京にも近い」と考え、国立茨城大学の工学部システム工学科に進んだ。小さいときから本を読むより算数が好きだった。

工学部のある日立市では家賃二万円のアパートに住み、熱心に勉強してアルバイトはしなかった。奨学金五万円と家からの仕送り三万～五万円で全部まかなった。プログラミングなどを学び、成績はAが七～八割というまじめな学生だった。大学院に進んでパソコンでの画像処理や楽曲づくりを研究した。

二〇〇六年大学院を卒業し、東京・半蔵門にあったＩＴ企業に就職した。社員数百六十人、上場している大手だったが、仕事内容は携帯電話の着メロや待ち受け画面をつくるなど。顧客と接することがなく、単に命じられた仕事をこなす。迫田さんは自分を一つの歯車のように感じた。

入社一年にも満たない〇七年二月、次の当てがないまま退職し、一週間ほど故郷に帰った。あれほど願った東京での生活がようやく実現しても、満たされなかった。自分で会社を興し、思うがまま仕事をしたいと漠然と考えた。

故郷に引っ込み、遊んでいるわけにはいかない。東京に帰り、パソコンでの仕掛けをつくる小さな合資会社でプログラミングのアルバイトをした。と、そこのシステム部長が「携帯、どうだった？」と前の会社について、感想を聞いてきた。

「携帯の機種ごとに対応していく仕事で、面白さはちょっと……」

と答えると、ネット上のサイトの仕掛けづくりは楽だし、面白いよ、と誘ってくれた。

社屋は恵比寿の民家、社員数十五人という文字通りのベンチャー企業だった。仕事内容はコミュニティサイトを立ち上げること。どう魅力や特典を打ち出し、多数の利用客を集めるか、どう他のサイトと連携を図るか、収入源はどうするかなど、手を打たねばならないことが次々出てくる。

仕事は面白く、給料はよかった。その上、前の会社でデザイナーだった女性と交際を始めた。安孫子沙弥香さんといい、二つ年下。山形の出身で、東京デザイナー学院グラフィック科でコンピュータグラフィックを学んでいた。

〇九年七月、皆既日食があった。奄美ならよく見える確率が高い。迫田さんは沙弥香さんを誘い、奄美に帰った。すでに二人は同棲していた。実家近くの高台に開けるゴルフ場に行き、日食を見ることにした。そこは観測スポットとして島民に知れ渡っていたのだろう。多くの人が集まっていた。

これで沙弥香さんは錯覚した。――奄美大島は過疎なんかじゃない。こんなに人が多く、賑やかじゃないの――。

迫田さんは東京に帰ってから、たまたま屋宮久光著『南の島のたったひとりの会計士』を読んだ。

奄美には上場企業がまったくない。奄美で生まれ育った著者は十五歳で島を離れ、公認会計士になる。父親の死をきっかけに奄美への思いを強くし、三十歳過ぎで島に戻り、会社や経理といったシステムを普及すべく孤軍奮闘する。島では帳簿さえつけたことがない人が大勢いて、著者による目に見えないサービスにお金を払う習慣がない。ストレスのあまり、アル中気味にさえなるのだが、それでもがんばる。

こういう内容の本なのだが、迫田さんはこの本で改めて奄美の現実を教えられた。これほど島は経済的に苦しんでいたのか、本土に比べて遅れていたのか。自分も島のため何かをしたいと、迫田さんは痛切に感じた。それには島での起業だ、働き口をつくる、それしかない。もちろん沙弥香さんには構想を打ち明けた。沙弥香さんは反対しなかった。島に帰るのはずっと先の話と思っていたからだ。

無職のまま結婚

翌一〇年七月、迫田さんは会社を辞めた。月給三十五万円は捨てがたかったが、奄美での起業を前にしてはどうでもいい話だった。二ヵ月後、沙弥香さんと結婚した。知り合いや親戚から祝い金をもらったが、その時点では無職である。まだ挙げる時期ではないと式を挙げず、今もって挙式できていないのだ。

同年十月二十日から奄美大島では集中豪雨が発生した。その月の降水量が九九四ミリメートル。島の至る所で土砂が崩れ、道路やライフラインが寸断した。死者が三人も出た。まだ復旧作業が終わっていない十一月、迫田夫妻は島に移住した。もちろん沙弥香さんの両親は「定年になるまで東京にいろ」と移住に反対した。沙弥香さん自身も「南の島への憧れは皆無。東京が好きで、東京にいたんですけど、それ以上に夫を好きだったから」という。

島では伯父の持つアパートに入った。いきなり起業するわけにはいかず、とりあえず就職しようとしたが、ＩＴ関係の就職口がなかった。

一一年一月、仕方なく島の楽器店に勤めたが、半年で辞め、同年七月、自宅でウェブ制作事務所を起業した。社名はアビコム（abcom）。これは沙弥香さんが旧姓の安孫子にちなみ、ネット上で使っていた名前だったが、何より冒頭三文字がａｂｃとつながっていて覚えやすい。それに会社は沙弥香さんとの共有だしと思って、いただいたものという。

事業内容はホームページ制作、デザイン制作、ウェブコンサルティングだった。迫田さんは一日だけ営業に歩いたが、ウェブ関係では発注してくれる会社や店がなかった。ただデザイン制作で挙げていた「チラシ、ポスター、名刺、ロゴ、キャラクターなどの制作」では仕事があった。これらはデザイナー、沙弥香さんが一手にこなした。

島への橋頭堡は沙弥香さんがまず確保した。迫田さんは沙弥香さんという人材を島に持ち帰ることで、とりあえず定着の基礎を築き、島に貢献したともいえる。

「最初の六カ月間は完全なマイナスです。わずかな貯金と結婚のご祝儀を貯め込んでいましたが、それをつまみ食いすることでしのぎました。たまに仕事を受けてもいくらで売るか分からず、おおよそ相場の半額程度を請求してました。

今年二月、国の事業を活用したＩＣＴ人材研修セミナーが島で開かれ、その講師を頼まれたことで縁が開けました。仕事はネットショップの立ち上げ方などを教えたりして、わずかながら貯えができるまで軌道に乗ってきました。必要経費がさほど要らない業種なので、今年の年間売り上げ目標五百万円は楽にクリアできると思います。現在は妻と二人だけの会社ですが、来年は何としても人を雇えるほどの業容にしたい。島の雇用を助けられなければ、起業に意味はないんですから」

迫田夫妻は考えている。事務所の近くに旧大島工業高校の校舎施設がある。それを活用して、起業を志す若い人たちのワーキングスペースができればというのだ。奄美を素材にしたゲームやアプリ、特産品、大島紬、黒糖など、業種を問わず、物づくりや販売などの一大工房にしたい。

奄美は意外にＷｉ‐Ｆｉ（無線ＬＡＮ）などの通信環境がいい。いつか奄美が日本のシリコンヴァレーになる日がこないとも限らない。

（二〇一三年七月号）

素人が手掛けた評判のいちじく農園　齊藤拓朗

脱サラして綿密な計画やマーケット調査に基づいて起業しても、百%成功が保証されるわけではない。というより、準備が万全であっても失敗する人の方が多いだろう。だが、無謀ともいえる退職から成功を摑む人がいる。そういう人は単に「運がいい」「めぐり合わせがいい」というだけではすまない何かに恵まれたはずだ。

脱サラ後の職業は未定

齊藤拓朗さん（35歳）は二〇〇六年、二十八歳でホームセンター会社を退職、故郷の千葉県館山市に帰ってきた。地元で仕事がしたいという思いはあったが、具体的にどのような仕事がいいか、決めていたわけではない。とりあえず職業訓練校に通ったが、目標はなかなか見えてこなかった。

その年、近くの農家から「手伝ってみるかい」と声を掛けられた。齊藤さんが家でぶらぶらしているように見えたのだろう。後継者がいない農家で、一反歩ほどびわを栽培していた。館山に隣り合う南房総市がびわの産地であり、館山にもびわ農家は何軒か存在する。びわは放っておくと一つの枝にいくつも実をつけ、一つ一つの果実が小さくなってしまう。それを避けるためにつぼみを摘む。その後開花し、生《な》った果実をまた間引きし、残す果実には袋かけを行う。剪定作業も必要で、市場に出すまで思いのほか手はかかる。

齊藤さんは農家のご主人に教わりながらこうした作業をこなすうち、農業は案外面白いなと思い始めた。自然とやり取りして何かを産み出す。館山市の生まれ育ちだが、父親は公務員で、小さいころ農作業を手伝ったことはなかった。

齊藤さんは上に姉が一人いる長男で、小中高と地元の学校に進んだ。体を動かすことが好きで、スポーツは剣道やバスケットボール、卓球、ラクロス、スノーボードとなんでもこなした。スノボではインストラクターの資格を持つ。一浪して一九九八年、千葉市にある私大経済学部に入学、四年間アパート暮らしをした。

○二年大学を卒業、大手のホームセンター会社に入社し、長野県宮田村の販売店に配属された。農業用資材や肥料、農薬、家庭用品、木材などを扱う店だった。ひんぱんに転勤がある職場で、平均すれば八カ月に一回は転勤があった。齊藤さんは五年弱で長野県の店ばかり四回も転勤した。最後は軽井沢店で店長だったが、同社には店長の上にマネージャーという資格がある。店長が十人いたとすれば一人という選ばれた役職である。

齊藤さんはマネージャーにならないかと声を掛けられた時点で、前記のように会社を辞めた。上司は「考え直してくれないか」と引き留めにかかったが、齊藤さんの「店を辞める。地元に戻る」という思いは揺るがなかった。

館山は新鮮な魚貝類で知られるが、くだものも豊富である。一月から五月までがいちご狩り。びわもハウス栽培は四月から五月、露地栽培は五月下旬から六月下旬まで続き、びわ狩りも観光客を集める。食用の菜花《なばな》も十一月下旬から四月中旬にかけて出荷され、観光客向けの食用菜花摘みで人気がある。みかんやなしをつくる農家もあり、十月下旬頃からみかん狩りができる。

くだものは市場に出荷されるばかりでなく、「〜狩り」として観光客を集められる。農業は栽培種目によっては経営者がうるおうだけでなく、館山という地域全体をうるおすことができる。地域のためになる仕事なら、館山に生まれ、館山にUターンした自分に似つかわしいはず、――齊藤さんの考えは徐々に農業に傾いていった。

農業をやるとして、いったい何を扱ったらいいのか。今さらいちごに参入したところで競争を激化させ、同業者に嫌がられるだけだろう。とつおいつ考えるうち、八月から十月までの期間、集客できるくだものがあまりないことに気づいた。夏秋を埋められれば、通年、お客さんが館山に来てくれるはず。そういうくだものは？と考え、いちじくに思い当たった。

いちじく産地は九州から東北まで全国にあり、もちろん気候が温暖な館山近傍にもある。しかし、いちじくにはいちごなどと比べ、マイナーなイメージが拭えない。傷みやすいから青果店の店頭に並べられる期間もごく短い。

とはいえ、いちじくはヒトに栽培された植物として最古らしい。ヨルダン渓谷の新石器時代の遺跡からは一万一千年以上前の炭化した実が出土したとか。いちじくの甘さは他のくだものにはなく、いちじくを素材としたケーキなどには都会的でしゃれた感じも漂っている。

齊藤さんの考えは進んでいった。傷みやすいのなら「いちじく狩り」に来てもらえばいい。畑で穫れたてを味わってもらう。畑の脇にショップを設け、アイスクリームやタルトにしたいちじくを食べてもらうのもいい。ジャムなどの加工品も置くのだ。

こうして齊藤さんはいちじくに目標を定めた。〇七年からはびわやみかん、なし農園で実技を研修し、千葉県の認定就農者という資格を得た。もちろんいちじく農家にも出掛けて教えを乞い、栽培法を習った。かたわら地元の農業委員会に申請を出し、市内で空いている農地を探し歩いた。買うのではなく、借りたい。

十件ほど見て回り、土壌がいちじくに合いそうな今の土地約五反歩（館山市正木）を借りることができた。館山市でも耕作放棄地が増え、農業人口が減っている。非農家が新しく農業を始めるのは自治体としても大歓迎で、無利子の創業資金も用意している。

一〇年ついにいちじく農園を開き、館山パイオニアファームと名づけた。しかし自分がやっているだけでは〈館山――いちじく〉の知名度が上がらない。翌一一年、館山市いちじく組合を七軒の有志農家で設立し、現在十一軒が加盟するまでになった。

同じ年、いちじく狩りをスタートした。一二年にはいちじくスイーツショップもオープンした。

三十倍にも増えたお客さん

いちじく農園の成績は自分でも意外なほど順調だった。いちじく狩りのお客さんは初年度シーズン中の合計でわずか百人だった。二年目には十倍の一千人を数え、三年目は前年比三倍の三千人になった。四年目の今年は予約客で一杯、心ならずも断っている状態である。

「一本の成木は順繰りに実をつけてくれ、シーズン中に三百〜四百個生る。しかし木には限度があり、今は一日にお客さん四十〜五十人が限界です。土日にはショップと狩りを合わせ百〜百五十人入ってもらってますが、今は来訪客で手一杯、市場には出せません。素材として卸しているのは地元のお店だけで、都会のお店から引き合いがあっても卸せる余力がない。

農園に入るまでの道路が狭く、路肩も怪しい。脱輪事故が心配です。それもあって来シーズンからは観光バスによる団体客を断り、マイカーのお客さんだけに絞ることも考えてます」

事業は順調すぎるほど順調に回転している。オープン二年目でサラリーマン時代の月収に近づいた。現在、狩りとショップの売上比は五対五ぐらいだが、来期からは逆転、ショップでの飲食・買い物が狩りを上回ると見込める。そのため今年十一月二十四日で狩りを閉めても、ショップだけは通年で開こうと計画している。

齊藤さんは今年結婚し、今いちじく事業に従事しているのは本人、奥さんのほか、齊藤さんの両親、バイト四人の計八人である。栽培品種は日本に多い桝井《ますい》ドーフィン、珍しいバナーネ、ネグローネ、ブルジャソットグリースの四種がメイン。結局、自分の利益だけを図らず、地元の活性化、地産地消をモットーにしたのが成功のカギになったのかも知れない。

「会社を辞め、仕事を始めて後悔も迷いもない。そのかわり休みもない。今の仕事は面白いし、やりがいもあります」と齊藤さんは言い切る。

（二〇一三年十二月号）

日本一のらっきょう王になった元証券マン　上沖廣美

上沖廣美さん（63歳）は宮崎県三股《みまた》町の農家の次男に生まれた。三股町は都城市に隣り合い、米や茶、たばこなどを産出する。上沖さんも子供のころ、夏の暑い盛りによくたばこの葉の乾燥作業を手伝ったという。

都城商業高校三年の夏休み、学校の先生から「和光証券（現・みずほ証券）の入社試験が大阪である。受けてみれば」と言われた。自分の学力や通う高校のレベルからいえば、高嶺の花の会社である。受かる自信はまるでなかったが、先生が保証人になってくれるという。とにかく受けた。

大阪から三股町に帰ると、先生から「受かったぞ」という連絡があった。自分ながら意外だったが、翌一九六八年卒業後に上京、本社に入った。

配属されたのはオンラインシステムを立ち上げる部門だった。午前中、ＩＢＭに出かけて研修を受け、午後、会社に戻って実作業に従う。各支店をオンラインで結び、それまでの手作業をコンピュータ入力に切り替えていく。

各支店を回り、受講する社員に黒板を前に仕事の流れや実作業などを教えた。一度、学校の先生が見に来て「お前、適応力あるな」とびっくり顔をされた。学校で教えたこととはまるで別の、進んだ仕事内容である。

その後、広島に転勤しないかと上司に言われたが、それは断り、福岡転勤の話に乗った。故郷の宮崎に近いのも理由の一つだった。

福岡では営業のテストを受け、外回りの仕事を選んだ。だが、地元採用の社員が多く、がっちり得意先を握って離さない。親切に道案内してくれる上司や先輩もいなかった。会社からバスや電車の回数券を渡され、お客さんを探してこいと言われても、どこの誰に当たったらいいのか、まるで見当がつかない。

仕方なく他社の店舗の前に立って、株価の表示ボードを眺めていた。と、表示ボードを食い入るように見つめる人が何人もいる。上沖さんはこういう人たちと立ち話し、徐々に内懐に入っていった。最終的に自社のお客になってもらったわけだ。

こうしていいお客に恵まれ、成績は徐々に上向いていった。支店や地域でトップになったこともある。

表示ボード前は業界のルールにはないだろうが、アイデアにはちがいない。株価を注視するのだから、その人が株に興味を持っていることは当然だ。しかも他社の表示ボード前だから、同僚のお客を奪わずに済む。新規顧客の立派な開拓である。

証券会社を退職し無職のまま結婚

上沖さんは頭が柔軟なのだろうが、反面、骨っぽいところもある。会社が会社の都合でそのときどきの重点銘柄を決め、それを売るよう押しつけられることを嫌った。ほとんどの場合、客ははめ殺しになるから、客の立場に立てば売りたくない。無理に売りつければ、自分も客の信用を失う。長い目で見れば会社のためにもならない。

北九州支店に移る話が出た際、退職を決意、七八年八月、証券会社を辞めた。二十八歳だった。

そのときには後で結婚することになる女性と知り合っていたが、証券の仕事に嫌気がさしていた。上沖さんは自己主張が控えめだが、反骨精神はある。おまけに国債、投資信託、割引債、株式と、毎日毎日締め切りがあり、ストレスで胃が痛くなる仕事に未練はなかった。

次に何をやるか当てがないまま、三股町の実家に帰った。婚約者の父親からは「うちの娘を無職の男に、嫁にはやれん」と言われた。婚約者は臨床検査技師として手に職を持っている。が、父親の苦言に対してはお説ごもっともと頭を下げるしかない。

次の仕事を探そうと都城の職安に行くと、「あんたがもらっていた給料を払ってくれる事業所は都城にはないよ。前の会社、いようと思えばいられたんでしょ」と言われた。暗に我慢が足りないと言われた気がして、がっくりした。

仕事が見つからないまま結婚した。式には前の会社の上司も出席して祝辞を述べてくれた。上沖さんは次の年も「かみさんのヒモになってコソコソ」（本人の表現）ハンパ仕事をして、次の仕事を探した。そのうち近所の工務店から、「橋が落ちた。復旧作業を手伝ってくれ」と言われて手伝ったはいいが、側溝に転げ落ちて骨折し、入院するハメになった。

病室は相部屋で、隣のベッドが町会議員だった。この議員が地元農業の苦境をこんこんと説明し、「若い人の力が必要なんだ。なんかやってくれんか」と言った。

上沖さんも農家の出である。周りを見回すと、たしかに農業にいいことはなかった。戦前からの養蚕はほぼ絶滅したし、米も茶もできるのだが、銘柄としては確立していない。たばこも健康志向の高まりで、たばこそのものの需要が減り、作付面積が減る一方である。

地元はシラスの黒土で地味は豊かだが、泥つき大根を出荷するのでも黒土は見てくれが悪く、売りにくい。赤土でないと、と言われる始末だった。

退院後、野菜市場に丁稚で入り、野菜を見る目を養った。ゴボウ、ピーマン、里芋、大根。どこで何ができ、どこ産はどういう特徴があるか、頭に刻み込んだ。そのうち漬物など加工用の大根を集めてくれと頼まれた。漬物屋が取引先の主力になり、集荷して生のままの状態でトラック輸送した。が、取引先によっては「出荷を待ってくれ」、挙げ句「今回は要らない」と言う。仕事は安定しなかった。お金もない、信用もない、実績もないないないづくしで仕事をするのはきつかった。

下漬けしたらっきょうも扱った。これをメーカーが買い付け、味を調えて袋詰めやびん詰めにして流通に出す。が、らっきょうも大根も「中国から安く入ってきた。要らない」と言われ始めた。中国産と比べて国産は四倍も高い。が、トレーサビリティーなど安全性や味の面では、国産は中国産を物ともしない。

何か脱出法はないか、上沖さんは考えた。いい加減、下請けの集荷業者から抜け出したい。加工会社にぶら下がっていれば楽だが、その代わり加工会社の都合でいいように振り回される。それを免れるためには、自社ブランドで加工し、出荷することだと上沖さんは腹を括って八九年上沖産業を創立した。

国内トップに君臨し海外輸出も展開

「ここの有利性は何かといえば、農家におばあちゃんがいること。内職代わりにらっきょうの皮を剝いたり、寸法を切り揃えたり、機械でできない仕事がやれる。大手メーカーでは無理です。ここにはたばこ栽培の伝統がある。栽培から葉の乾燥まで一つの農家が責任を持って仕上げてきた。契約栽培だから、農家は値の上下に煩わされることなく、計画を立てられる。業者に買い叩かれることもない。これだと思いました。これが軌道に乗れば、ぼくだけじゃなく、みんながよくなれる」

たばこ栽培農家は三年前十八軒あったが、今は減作で三軒に減った。地場の仕事が何かしら必要とされていた。

上沖産業では現在、百軒の農家にらっきょうを栽培してもらい、それを引き取って洗浄し、皮付きのまま工場で下漬けする。市場動向を見ながら、それを農家に戻して手で皮を剝き、製品に加工、出荷していく。九八年に始めて、売れ行き好調の早採りらっきょうの浅漬けも同じ工程である。農家で出た皮などは会社で引き取る。

こうして上沖産業は国産漬物らっきょうのトップに立った。ちなみに加工用らっきょう出荷量のトップは鳥取県ではなく、上沖産業が立地する宮崎県である。

二〇〇九年には「万能おかず生姜」も販売、関東を中心に月六十万パックの大ヒットを記録した。一三年には香港、台湾にも輸出を開始。たばこ農家から相談を受け、ステムレタス（茎レタス）の商品化にも取り組み始めた。

同社のモットーは「徹底した地元貢献」というが、上沖さんのこれまでの軌跡には、それを裏付ける骨っぽい何かがある。

（二〇一四年六月号）

元社長秘書が中之条ビエンナーレ実行委員長に　桑原かよ

「社長秘書」という言葉に特別なイメージや先入観を持つ人は少なくない。社長の女性秘書であるからには美人でスタイルもいいはずだ。頭がよく、折衝や事務の能力に優れ、控え目だけど芯は強いかも……と、男たちは社長秘書に好き勝手なイメージを抱く。

桑原かよさん（42歳）も社長秘書だった一時期を持つ。今は生まれ故郷の群馬県中之条町に戻り、アートイベント「中之条ビエンナーレ」の開催などに当たっている。

たぶん桑原さんなら、男たちの社長秘書イメージを裏切るまい。企画力や交渉力、センスのよさ、要所要所の人脈、企画実現に向け粘り強く地道な努力を続けて、現に実績を上げている。彼女とちょっと話してみれば、頭のよさが分かる。が、それだけでなく、極めて感じよく人を説得する力を持つ。

一九六八年、中之条の生まれ。上に兄二人がいる。子供時代から「手数がかからず、聞き分けがよかった」らしい。地元の小・中学校でブラスバンド部に入って吹奏楽をやり、渋川女子高では合唱やジャズダンスをやった。

一浪して八八年東京女子大に進み、家族社会学を専攻。かたわら狂言師で他分野のアーティストとのコラボにも熱心だった野村万之丞（一九五九〜二〇〇四年）の私塾「わざおぎ塾」に週一〜二回通った。舞台芸術全般に興味を持ち、狂言や能などを広く学んでいる。

各地の公演で裏方を仕切る

九二年大学を卒業したが、就職先は野村万之丞の事務所だった。塾生を卒業し、内弟子になったのと同じだが、やることは稽古ではなく、事務や公演の準備など、経理を除く全部だった。当初、給料はこづかい程度だったから、親の援助も受け、アルバイトもしながら、かつかつ部屋代と最低限の生活を維持する生活だった。

「母は若くして結婚し、家庭に入ったから、私には『若いうちにやりたいことをやりなさい』といってくれました。自分の周りは自立したいという友だちばかりで、自分のことを不思議とも思わず、仕事を続けていました」

野村万之丞は和泉流狂言の名家の出身で、「萬《よろず》狂言」を唱導した。中世に流行した田楽も復活させ、「大田楽」の形で現代の芸能へとつくり変えている。田楽はほとんど失われていたが、万之丞は民俗芸能の研究者や中世が専門の国文学者の協力も得て、わずかに残る文献や絵巻物などを参考に、日本の農山村に伝わる伝統芸能や音楽、さらには西洋的な要素も採り入れ、色とりどりの衣装やリズミカルな音楽や動きで現代人が楽しめる芸能に仕上げた。

「地方に元気がない。何とか地方を活性化できる演《だ》し物がないか。見る人も一体化できるような祭りをということで全国各地から公演依頼がありました。獅子舞や三番叟、番楽（東北の芸能）などを自由に採り入れ、全体を大田楽に仕上げていく。これで国内外を回りましたが、私自身も茨城、石川、愛知、静岡、京都、大阪、三重、福岡と回って、その製作、進行、コーディネートを受け持ちました」

この分野で先輩はいない。万之丞は忙しく全国を飛び回っている。いきおい桑原さんは自分の頭で考え、工夫し、人の助けを借りる訓練を積むことになった。製作スタッフはわずか二～三人、書生と呼ばれる弟子も総出で手伝い、各地の公演を成功させてきた。

世紀が変わるころには、古株として事務所を差配していた。若い人は新しく入ってきても、仕事がきびしく、ついていけないと、早々に辞めていく。入っては辞めの繰り返しだった。下の者は自分に頼りすぎて、育っていかない。桑原さんの負担はどんどん大きくなり、これはまずいと思い始めた。体調もすぐれない。

が、いきなり辞めるわけにはいかない。辞める時期をうかがっていたが、幸い国文学科を出て能狂言が大好きという若い女性が入って来た。この人なら任せられると思える男性も入ってきた。二〇〇〇年、桑原さんは彼にバトンタッチする形で事務所を辞めた。

社長秘書として頭角を現す

転職活動をして、ナスダックジャパンに上場したばかりのゲームソフト販売会社に社長秘書として入社した。

「定時に帰っても、こんなにお給料もらえるのって驚きました。今までが悪すぎただけの話ですが。萬狂言の事務所を辞めた理由の一つに社会人経験を積みたいって思いもありました。事務所では学生時代の続きみたいな環境でしたから」

桑原さんは三十一歳にして初めて会社らしい会社に入った。不安も感じたが、ほどなく事務所の仕事を一部生かせば、割と楽にできることに気づいた。なにしろ事務所では師匠のテープ起こしや原稿執筆までこなしていた。

ところが入って四年目の〇三年十一月、会社は東京地裁に自己破産を申請した。負債総額は九十五億円。桑原さんは破産後の残務処理をこなし、〇四年三月に退職した。

その後、大手ゲーム会社の関連会社に転じた。このときも社長秘書である。萬狂言はいわばエンターテインメントの世界であり、ゲームも同じである。現実そのものは扱わない。桑原さんは広義のエンタメに携わっていたかったという。

会社には〇九年、横浜のみなとみらいに大きなエンターテインメント複合施設をつくる計画があった。桑原さんはそれを立ち上げるプロジェクト室に異動になったが、直後に本社の経営悪化でプロジェクト室は解散した。新規事業は当分の間、難しい。

社長室時代の上司は戻ってこいといってくれたが、同じころ、中之条ビエンナーレを手伝ってくれと頼まれた。ビエンナーレは二年に一回故郷で開かれるアートイベントであり、〇七年に始まり、〇九年は二回目だった。参加するアーティスト百十二組が八月から九月までの一カ月間、町中を展示場に変えて十六万人を集める町活性化の企画だった。

ビエンナーレの実行委はボランティアだから収入に結びつかない。東京から通勤するわけにもいかない。友だちは皆、故郷に帰ることに反対した。親は、東京に一人でいるよりビエンナーレを手伝った方があなたに向いていると、帰るよう勧めた。

桑原さんは悩みに悩んだが、東京に住まいを残したまま、とりあえず出張する形でビエンナーレを手伝うことに決めた。

ビエンナーレは成功裏に終わったが、終わりがけ、町から誘われた。

「町役場の近くに『つむじ』という施設ができる。ちょうどつむじ風のようにここから巻き起こる情報を発信するという狙いで、ここでお茶も飲めるし、ショップもレンタルスペースもつくる。音楽や芝居の会場にもなる。つむじの運営を一緒にやらないか」

町立の施設だから、町の嘱託職員として給料も出せるという誘いである。月ごとに給与が出るなら、町に帰れる。桑原さんは誘いに乗ることにした。

一〇年二月、東京の住まいを畳み、中之条に帰った。一一年には第三回のビエンナーレが八月から十月まであった。つむじを運営する一方、その準備が忙しかった。桑原さんは推されてビエンナーレの実行委員長を引き受け、一一年四月からビエンナーレの専任になった。

結果、参加アーティストは前回を上回る百二十五組と増えた。集客数も前回の二倍以上、三十五万人を集めた。着実に町に若者を呼び寄せ、町を活気づかせた。これをどう定着させるか。桑原さんは今、都会暮らしで得た全てを故郷に注ぎ込もうとしている。

（二〇一一年十二月号）

四国の山奥の村で烏骨鶏の卵を生産　川上文人

四国山脈の奥、かなり急な南斜面で烏骨鶏二百羽を飼い、卵のネット販売を第二の生業にする。卵は一個三百円。かつかつ採算は取れる。かさばらないから宅配便での発送にも不便はない。

高度五五〇メートル、南国土佐とはいえ冬は寒く、雪も積もる。敷地は境界も定かでないほど広く、見下ろせば下の谷底に吉野川の源流が流れる。

猫を六匹飼い、犬が一匹。他に犬より賢く三十種ぐらいの芸をこなす牡山羊が一頭。少し前はシカも飼っていた。

こういう環境に川上文人さん（61歳）は奥さんと二人で住む。ここ高知県大川村が奥さんの実家なのだが、夫婦とも十年前、二〇〇四年に神戸から移り住んだ。神戸で川上さんは電気設備会社の社員、奥さんは看護師。二人ともバツイチ同士の再婚である。

高知龍馬空港から高速道も使って二時間、早明浦《さめうら》ダムを越えた奥、よりによってこうまで山深い土地で起業したことに驚くが、着いてみると、ここは別天地かと感じた。どこがいいのか、しっかりとは言えないが、こういう第二の人生がたいていの人には理想なのかも、と思った。

川上さんは作業着に長靴姿。飾らない人柄で、庭先に張り出した屋外テーブルを前に気軽に口を開いた。暑くもなく寒くもなく、外気が気持ちいい。

生まれは一九五三年、鹿児島県の北端に位置する長島町。八人きょうだいの六番目である。六八年菱刈中学を卒業し、集団就職で大阪に。電気設備のK社に入社した。社員番号が四十六、当時は小さな会社だった。その後大きく育ち、現在の従業員は約七百四十人、完成工事高七百七十一億円の大手になった。

現業部門は内線班と外線班に分かれる。川上さんは神戸支店の内線班に配属され、箱物の屋内配線を設計、施工した。支店だったが出張もあり、南は沖縄宮古島の空港を手掛け、北は千葉、長かったのが大分の新日鉄一期工事だった。七五年沖縄海洋博が開かれたが、川上さんも工事で派遣され、下宿先で知り合った女性と二十一歳で結婚した。が、十二年前、子供ができなかったこともあり、協議離婚した。

「会社は入社以来、一貫して土日もないほど忙しかった。〇四年私は五十一歳で脱サラしたわけですが、特に辞める前十年間ほどは一日二〜三時間しか眠れない生活が続いていた。

国立神戸病院の改修工事で忙殺され、ほとんど家に帰れない状態が続いた。病院ですから絶対事故は起こせない。病院が私を指名して工事が始まってますから、責任感もあり、緊張のしっぱなしで気が抜けなかった。

いい加減仕事に疲れ、もう仕事はいいやと思いました。仕事の忙しさも離婚理由の一つになった。給料は年収で八百万円ぐらい。そこそこ悪くはないでしょうが、これ以上、会社にいると殺されると感じた。『辞めた後どうすんのよ』と会社では言われましたが、田舎にでも帰りますと答えました」

川上さんの頭の中には二つの田舎があった。一つは自分の田舎で、鹿児島県長島町。海辺だから漁師でもしようかと考えた。もう一つの田舎は離婚後同棲していた今の奥さんの田舎、つまり高知県大川村である。どちらの田舎でも今会社を辞めて帰れば、まだ体が動く。自分の好きなことがやれる。

が、〇四年義父が脳梗塞で倒れた。義母だけに介護は任せられない。結果的に帰る田舎は大川村に決まった。

初めて訪れた大川村に驚く

「その年十月三十日に初めてここに来てみて、『これは凄いな』と思いました。前が神戸だから六甲は見ていたけど、問題にならないほど山が深い」

しかし、その日のうちに、ここに定住しようと決めた。奥さんとも入籍し、大川村民として第二の人生を生きよう。問題は収入を得る道だった。退職金など多少の貯えはあっても、すぐ尽きる。道路工事でも交通整理でもいい。

十一月になって烏骨鶏の卵生産に決めた。以前、神戸のデパートで一個六百円の値がついているのを見て、こんなにも高いのかと驚いた記憶がある。これなら儲かる。最初、養鶏も考えたが、高知県は地鶏王国で、土佐ジローや土佐はちきん、シャモなど、大変な激戦地だ。一年生の自分が参入しようにも入り込む隙がない。

烏骨鶏の卵で行くと決め、十二月、住まいのすぐ下の傾斜地に場所を決めた。材料を調えて鶏小屋を自作、鶏小屋の下は烏骨鶏のための運動場にした。雑草地だから、烏骨鶏は勝手にミミズや昆虫を食べてくれる。が、トンビやカラスに上空から襲われては元も子もない。上部に編み目が大きめの網を張り、周囲を囲った。

ちょうど完成した日の夜、雪が降った。翌朝、起き出して見てみると三〇センチの積雪で、運動場の上部が無惨に崩れていた。湿気が多い雪で編み目が凍結し、雪氷の重さで潰れたのだ。土佐で雪の害とは。川上さんは嘆いた。

試練はもう一回あった。烏骨鶏の卵は順調に販路を広げ、川上さんは六百羽まで規模を拡大した。と、ある夜、狸が囲いの下の土をほじくり返して小屋に入り込み、二百羽を殺した。大損害だが、元を正せば脆弱な小屋を作った自分が悪い。川上さんはしっかり基部も床もコンクリートで固め、その上に針金ではなく鋳鉄でできた網をめぐらせた。

身近に先人がいないから、周りの経験が聞けない。高い授業料になった。が、もともとが電気設備の出だからインターネットにも勘が働く。〇九年卵生産が軌道に乗ると、ホームページを立ち上げ、ネット販売を本格化した。

大川村は二百五十戸、人口四百二十二人、離島を除けば全国最少人口の村だ。村には高校がないから、子供たちは中学を卒業すると村を出てしまう。

一一年、川上さんは住民に推されて村議選に立候補した。得票数六十四票。トップ当選で大川村の村議になった。定例会が三月、六月、九月、十二月と年四回開かれ、一回につき十二〜十三日、議会に出席する。常任委員でもあるから、月十日ぐらいを議会に取られる。

が、本業にはほとんど影響がない。奥さんも手伝ってくれる。村議の報酬月十四万七千円でむしろ助かっている。卵は現在生産数を落として月産千三百個、売上は三十九万円になるが、飼料代がここ十年で二倍近く高騰、利益は半分ほどだ。大川村は玉茶といって玉緑茶でも知られるが、一ヘクタールほど有機栽培で茶を生産、毎年生茶葉の状態で五〇〇キロほど出荷している。

村では収益だけを考えるのではなく、道楽もしている。移住してから住まいの周りの杉林を伐採、代わりに桜の木百本の他、山桃やリンゴ、梨、桃などを植えて根を張らせた。土砂崩れ対策のつもりもあった。住まいの横に自力で丸太小屋の遊び場も建てた。

植えた桜が開花し、今年四月、初めて「さくら祭り」を開いて三百人からの客を集めた。大川村の新しいイベントに育つ企画である。

「ここで暮らす分にはお金がかかりません。だから好きに時間を使って自由に楽しめる。ここに来て正解でした」

人が川上さんに向ける必要性と、川上さんが村や村人に向ける必要性と、ちょうどバランスが取れているのかもしれない。

（二〇一四年十二月号）

人材求め東京からウミガメの町へ　吉田基晴

吉田基晴さん（43歳）はサラリーマンをやるうち、話の弾みみたいに仲間と別会社をつくり、二年後、何とはなしに押し立てられて社長になった。

電子著作物保護や情報漏洩防止などのシステム開発を手掛けるIT会社で、従業員は約二十人。年商が二億円強。まだまだ小さな会社だが、吉田さんは意表を突き、しかも業績アップにつながる施策を次々実行している。

吉田さん自身は当たりが柔らかく、才走ったところを感じさせないが、生来の優れた経営者かもしれない。なにより社長になりたくてなった人ではないのが買いだ。

一九七一年、徳島県美波町生まれ。美波町は太平洋に面し、ウミガメが産卵する海岸と魚が豊かな渓流で知られている。四国八十八カ所のうち二十三番目の札所、薬王寺が所在し、住民は長いこと、お遍路さんを接待してきた歴史を持つ。

吉田さんは子ども時代、ガキ大将ではなかったが、よくしゃべって目立つ子だったようだ。

家から一時間ほど離れた富岡西高校を卒業後、神戸市外国語大学国際関係学科に進んだ。国際文化論を専攻し、各国では命を誰が所有しているか、自殺をどうとらえているかを卒論のテーマにした。学年途中でオーストラリア大陸を一周したりして留年、九六年に大学を卒業後、徳島市に本社を置くジャストシステムに入社した。同社はワープロソフトの一太郎や、かな漢字変換のATOKで知られる。

「入社したころ、個人でもパソコンが買える、これからはインターネットだという時代に突入して、業界は浮かれていました。私自身は企画、検査が担当で、わくわくする気持ちも味わっています。しかし学生時代にプログラミングをやっていず、パソコンにもあまり触ってない。早くからやっている同僚に敵うはずがなく、自分には適性がないと劣等感も味わいました」

吉田さんは三年で同社を辞めた。美波町の実家に戻ると、「どうせお前は辞めるなと言ったところで、言うことを聞かんから」と、親はあきらめ顔で言った。ITバブルが本格化した九九年のことである。

求人誌で阪急電鉄の子会社が「新規事業を始める」ことを知った。話を聞きに行くと、即採用となった。だが、何をやるかさえ決まっていず、やることを考え出す人の募集だった。やりがいがあるような、ないような妙な感じだったが、社長はコンテンツ事業をやりたがっていた。阪急電鉄といえば宝塚や東宝が思い出されるが、そうしたところのコンテンツは扱えない。

吉田さんが目をつけたのは秋葉原やコミケに並ぶ同人誌の世界だった。そこからアニメやゲーム、キャラクター化などへの商品開発ができそうだった。著作権者は個人に近く、自分たちの手伝いを必要としている――。吉田さんは調査してみて、日本にはこんなに絵描きがいるんだとあらためて感心した。ネットを使えば日本だけでなく世界中でこうした作品を楽しめる。

俄然、やる気が出たのだが、運悪く阪急グループの不動産部門で吸収合併話が浮上した。そこで不動産部門が何もアニメを手掛けることはないという論に大勢が決すれば、コツコツ準備してきた路線は吹っ飛ぶ。

吉田さんは再転職せざるを得ない状況に追い込まれた。元々、東京で勤める気はなかった。東京には、行ってやるかと反発を感じていた。が、二〇〇二年、東京の会社に誘われ、行かざるを得なくなり、住まいを横須賀に定めた。海が近く、格好いい土地だなと思っていたからだ。

会社は動画や音楽などのメディアコンテンツを不正コピー、不正販売から守るDRM（ディジタルライツマネジメント）の会社だった。吉田さんは前の仕事で何人も物づくり作家と会い、彼らの仕事を応援したいと考えていたから、打ってつけの仕事に思えた。

会社の業績はよくなかったが、ITバブルの盛期だったから、株式公開で巨額な資金を集めることが可能だった。社長はバブリーな考えの持ち主で、地道に仕事を進めようとせず、外資の導入など、大きな金額の話ばかりしていた。

反乱分子と呼ばれて

吉田さんなどは首を覚悟でこうした路線に反対した。当然、社長からはアルカイダのような奴だ、ビンラディンだ、反乱する奴だと思われた。喧嘩別れ状態になり、こうなったら自分たちで別に会社をつくろうとなった。

〇三年二月、五人の仲間が集まり、東京・練馬区でサイファー・テック株式会社を設立した。同社は同年中にCDやDVD内のコンテンツを保護する「サイファーCD／DVD」や、動画・音声データを保護する「サイファーガード・フォア・ムービー」、PDFファイルを保護する「サイファーガード・フォア・PDF」を発売している。

「私は取締役のひとりで、社長は別にいました。私はムードメーカーで、誰とでも話せる。それで集まるとしぜんに中心になり、ハブみたいな存在になってしまう。別に優秀ではないんですが、それが社長に推された理由です」

ガード商品は何種も出ている。軍事技術を生かしてアメリカやイスラエルが強い分野だが、吉田さんの会社は暗号化でコンテンツをロックし、日本の会社が使いやすいことを売りにしている。すでに大手企業が採用し、電子書籍やスマホ、ゲームアプリなど多分野に応用製品を販売している。

「最初はいい物をつくれば売れるんだという信念でやっていましたが、企業に行くと、実績ができたら持ってきてよと言われる。鳴かず飛ばずの数年が続き、年々給料が下がっていく。暗黒時代でした。一一年ぐらいから好転し、『会社がもう七～八年続いているなら、技術が本物だってことだ』と受け取ってもらえるようになりました」

同社は一二年にサテライトオフィス「美波Ｌａｂ」を開設した。一三年に本社所在地を新宿から徳島県美波町に移している。吉田さんは美波Ｌａｂでの働き方として趣味や地域での活動と会社業務とを両立させる「半Ｘ半ＩＴ」を提唱した。休日にはサーフィンや渓流釣りをしたり、阿波踊りの練習をしたり。平日も早起きして漁師さんの仕事を手伝ってから出社してもいい。

「事業拡大を図ろうにもカナメの人材が入って来ない状況が続きました。東京は人材採用の激戦区だったからです。しかし、美波Ｌａｂ開設以来、夢を持った優秀な人たちが入社してくれ、社員は三倍になりました。結果、業績も増収増益に至り、町にも喜ばれるし、それまで我ながらたいした経営者ではないなと思っていたけど、美波Ｌａｂ以来、お前にもやれることあるじゃんと思えるようになりました」

サイファー・テックで素晴らしいのは企業理念、行動規範である。全文を紹介できないのが残念だが、たとえば「社員が最も優先されます」「一人勝ちは評価されません」などと明記している。単なるお題目でなく、実行されている点で、吉田さんは評価されて当然だろう。適切な利益の創出は長期にわたり企業責任を果たすため。吉田さんは時代の先を行く社長かもしれない。

（二〇一五年六月号）

故郷への思い胸に農業を「事業」に変える　鈴木誠

山すそに道が走り、横の平坦な土地に鶏舎の跡らしき建物が広がっている。屋根は半分ほども崩れ落ち、周りは丈高い雑草で囲まれている。ケージに張った金網は破れ曲がって、道路に接する事務所のドアガラスは端が欠けている。割れ目から中を覗くと、部屋の真ん中にポツンと二つだけ置かれた事務机がホコリをかぶり、壁に数年前のカレンダーが掛かっている。ひとけはまるでなく、この養鶏場がひっそり廃墟へと時を刻んでいることが分かる。

こういう光景は全国のあちこちで見られる。誰かが安い値で養鶏場を買い取り、事業を引き受けてくれれば、死につつある風景はなくなるはずだが、ほとんど買い手はつかない。養鶏ばかりか、牛の牧場も田畑も農業用の温室も灌漑用の水路も、村人の「夢と苦役の跡」として、ただ夏草におおわれている。

鈴木誠さん（42歳）はこうした流れに抗し、株式会社ナチュラルアートを率いて、日本の農業にカツを入れようとしている。それも篤志からではなく、儲かる事業としてである。

ほとんど農業はM&A（合併・買収）の対象にならない。儲からず、損する一方だから だ。結果、かつて投入された汗と時間とカネの結晶である農業や畜産の施設は次の引き受け手を見出せず、虚しく朽ちていく――。

篤志や善意から農業に関わるかぎり、おそらく長続きはしないだろう。現実とは逆に「農業は儲かる」といった事実が広く知られ、農業を引き受ける買い手や従事者が続々と現れることこそ、日本農業再生の道にちがいない。

鈴木さんの出身は青森だが、農家の生まれではない。父親は棟方志功の孫弟子という版画家で、団体職員などを兼ねていた。親戚の中に農家はあったが、農業とほぼ無縁に幼少年期を過ごしている。青森の高校を出て、慶応大学商学部に入学。一九八八年春に卒業し、東洋信託銀行に入った。

銀行で学んだ起業の厳しさに挑戦

「入行しても特別な思いはなく、生活に目的もない。平々凡々たるサラリーマンでした。学生時代もいい加減でだらしなく、運よく就職しただけです。虎ノ門支店に四年いて、その後本店の営業に移った。当時はベンチャーが注目されていた時代で、私もベンチャー担当になった。仕事で働き掛ける先はＩＴとかバイオとか分野に関係ない。業種を問わず、資金を入れれば大きく育つかもしれないと思える企業を見つけ出す。これがとてつもなく面白い。生まれて初めて一生懸命にやるってことを経験しました。もちろん手掛けた中には単なるスモールカンパニーに終わったものもありましたが」

百人が起業する。成功するのはそのうちの一人。なんとかその仕事で飯が食えるようになるのはせいぜい十〜二十人。残りの人たちは大失敗に終わる。

鈴木さんは仕事を通して起業家を知り、高いハードルを乗り越える厳しさも、乗り越えた後の喜びも知った。成功が見えてくれば、世の中にアピールできる仕事だと誇らしく思い、やりがいも感じた。

だが、銀行は平成不況が深まっていくと、企業に資金を供給して応援するより、逆に貸し渋り、貸しはがしなどに転じ始めた。やっていて楽しい仕事ではなく、人からも感謝されない。鈴木さんはこれでいいのかと思い始めた。

「十年一区切りだと思いました。銀行から学べることは学んだ。何か見極めがつきました。これからは自分も何かにチャレンジしたいと思い、会社を辞める決意ができました」

仕事柄、退職する危険も起業の難しさも十分すぎるほど知っていた。いわば起業のプロである自分が退職するからには、絶対失敗できない。夫人は鈴木さんの判断力と能力を深く信頼していたのだろう、退職に反対しなかった。

九八年一月、ほぼ十年在籍した銀行を退社した。三十二歳だった。だが、辞めた後、自分が何をどう扱うべきか、絞り込んでいなかった。とりあえず同年四月、慶大の大学院経営管理研究科（ビジネススクール）に入り、何をやりたいのか考え続けた。

「インターネットが普及し、仕事や商売に使われ始めていた。ネットで仕事を始める人はいっぱいいいて、自分もウカウカできないと思ったものです。当時、テーマとしてはネット、IT、バイオ、農業ぐらいを考えていました。

田舎から東京に出て十年以上。故郷に錦を飾るではないけど、仕事を始めるのは田舎でもよかった。青森の一次産業は米もリンゴもみんな苦労している。借金がいっぱいある。農業は嫌いじゃないけど、こんな苦労ばかりでカネにならない仕事を、子供には継がせたくない。そういう人ばかりがいた。

自分が何をやるか複数の選択肢がある。だが、農業をやってもいいというのはぼく以外にいない。どうせやるんなら、意義があることをやりたい。万一失敗しても、命までは取られないし、次があるはず、と」

二〇〇〇年ビジネススクールを卒業し、〇一年経営コンサルティングの会社を設立した。〇三年にナチュラルアートを設立、今では年商百億円を達成——というのが鈴木さんのこれまでのおおよその軌跡である。

口コミの「信頼」が農業を変える

「たまたま素晴らしいテーマに巡り合い、使命感を持つと人間が変わり、口調まで変わることがあるそうです。坂本龍馬がそうだったらしい。

八年前、優れた農業法人のグループがあり、そこで農業革命をやる、新しい農協をつくる、全国組織にする、事務方をやらないかというお話があり、強く興味を感じて『分かりました。受けます』と答えました。

しかし、やるうち分かったことは農業協同組合ではダメだ、意志決定に時間がかかりすぎる、組織や人事も重すぎる。それで自分でやろう。自分で事業計画をつくり、出資を仰ぎ、賛同をもらって事業を軌道に乗せ、万一のときは自分で責任を取ろうと思ったんです」

何百ページもの事業計画書をつくり、株主を募り、農家とは未来の農業がどうあるべきか話し合いを重ねた。農業はよそ者の参入を嫌う業界である。実際にものを言ったのは口コミであり、まじめにやっているようだという評判だった。

「最初、提携農家五十軒からスタートし、五年たった今一千軒を超えました。売上は来年二百億円になることが見えてます。今の資本金は三億一千万円、農業関係の企業から金融機関まで幅広く株主になってくれました」

他分野でも滅多に見られない急成長である。ナチュラルアートが手掛けるのは農産物や畜産物の生産、加工、販売である。提携農家に野菜などをつくってもらう一方、全国十カ所の直営農場でイチゴやメロンをつくり、牛や豚を育てる。〇六年からM&Aで青森の醤油製造「中村醸造元」や大分の食肉製造卸「清田産業」などを支援し、そちらで醤油や食肉など、食品に加工する。販売は直営店二つを持つほか、大手小売りや外食産業、食品メーカーなどに直販する。自社で生産と販売を握り、極力流通をカットする。ファイナンスは多方面に求め、経営面に縛りは受けない。

同社の経営理念の一つは「100年社会から求められる会社になる」だが、地上に人がいるかぎり、食は求められ続ける。まして農産物価格が急騰し、食の安全が声高に叫ばれる今、鈴木さんは「規模も面積も圧倒的日本一」の農業生産者グループを手中にしつつあるのかもしれない。

（二〇〇八年七月号）

第三章　職人として生きる

ペットショップの中間管理職が鷹匠に　吉田剛之

鷹匠は今も存在している。それは分かるが、鷹狩りは実際に稼働しているのか。せいぜい何かの催事の際、客集めで鷹を上空に飛ばしている程度ではないのか。

現代の鷹匠である吉田剛之さん（株式会社鷹丸社長、45歳）を石川県小松市に訪ね、お話を聞く前には正直そう思っていた。だが、吉田さんの話によれば、鷹は実用に使われている。それも工業生産の第一線、工場で実際に働いているという。驚いた。

「工場は屋根が高く、冬も暖かい。出入りできる空間も多い。そのためドバトが巣づくりして工場内に入り込みやすい。出来上がった製品に糞《ふん》を落とせば出荷できないし、金属を腐食させる。カラスも工場をねぐらにして糞害を引き起こすことがある。

で、こうした鳥は害鳥になるわけで、これを追い出すとなると難しい。目玉型バルーンを上げたり、有刺用具やネットを張ったり、薬剤を撒いたり、それぞれ工夫をこらしても効果がなく、最後、私どものところに『どうにかならんやろか』と打診がある。もちろん喜んでやらせてもらいます。鷹を放てば効果抜群ですから」

現在、吉田さんの会社には鷹が十一羽、フクロウが三羽いる。従業員はいないが、営業的にはペイしている。収入はサラリーマン時代と同程度という。

鷹丸を起業したのは二〇一三年。四十歳のときだが、それにしても思い切りよく新奇な商売を始めている。成否のデータなど何もない分野だ。吉田さんはいったいどういう経歴で、何を思って鷹匠に行き着いたのか。

生家は現在の事務所と同じ場所だった。小松市芦田町。一九七二年生まれで、父親は小松製作所の下請け工場で重機を扱っていた。家の周りは田やレンコンの池で、カエルやザリガニ、魚や昆虫がウジャウジャいた。地元の公立小・中学校に通い、県立寺井高校に進んだ。その後、金沢科学技術専門学校に入り、水産養殖学科を選んだ。

ここでタイ、ヒラメなどの養殖を手ほどきされ、休みの日にはペットショップでバイトをした。犬、猫、蛇、ゾウガメなど、ペット全般を扱った。根っからの動物好きだから、ペットの面倒見は全然苦痛はなかった。

専門学校を二十歳で卒業、北陸でペットショップや遊園地を展開する大手のT社（本社・石川県能美市粟生町）に入った。以前のアルバイト先がT社の系列店だった縁からの入社だ。ペット事業部ではペットを赤ん坊のときから扱う。餌をやっているうち犬はすぐ大きくなる。と、売れ行きは落ちるのだが、熱帯魚など魚は逆に大きくなると引き取り手が増える。ペットの飼育はついかわいさが先に立ってしまうが、一般の飼い主の気持ちも分かっていないと、営業はうまく進まない。

吉田さんは能美市の本社から金沢店、本社、福井店、本社と、ときおり異動を挟んで二十年あまり勤め、最後は本社ペット事業部の課長になった。

だが、国産の鷹はペット店で扱えない。鷹に限らずワシ、ハヤブサ、フクロウなど日本産の猛禽《もうきん》類は法で保護され、売買の対象にはできない。吉田さんはどのようにして猛禽類に出会ったのか。

「二〇〇五年当時は福井店に勤めていたのですが、お店にお客さんが弱ったハヤブサを保護して、持ち込んだんです。私の方も専門ではないけど、とにかく預かり、獣医師さんに診てもらって治療し、よくなったところで自然保護センターに引き渡した。保護センターが山にハヤブサを帰したんですが、この間、ずーっと面倒を見ていて、猛禽類を飼ってみたいと考えたんです。

翌〇六年、アメリカ原産の鷹、ハリスホーク（和名はモモアカノスリ）を三十万円で買い、個人的に飼い始めました」

ハリスホークは比較的飼いやすく、餌はたいていが冷凍したウズラの成鳥である。

吉田さんは鷹を飼ううち、鷹匠になりたいと考え始めた。左手に鷹をとまらせ、鷹に指示して大空に放つ。自分も鷹になったような気分になれそうではないか。幸い知り合いに鷹匠がいた。その人に手引きしてもらい、〇九年、NPO法人日本放鷹《ほうよう》協会（岐阜県海津市）に入会した。鷹匠には流派がある。同協会は諏訪流の放鷹術を教え、鷹匠の認定試験を実施している。

一二年、吉田さんは試験に合格し、晴れて鷹匠を名乗れるようになった。当初は起業するつもりなどなく、自分も鷹匠になって、伝統を伝えられればいいぐらいに考えていた。

鷹匠を生業《なりわい》に独立、石川から各地へ東奔西走

そのうち海外では飛行機などの離着陸時に鳥が衝突するバードストライクの防御に、鷹が使われていることを知った。となれば、日本でも鷹匠を生業にできる可能性があるのではないか。鷹を、鳥獣を狩るために使うのではなく、鳥獣を蹴散らして、未然に事故や被害を防ぐ。

そうでなくとも各地の神社仏閣などではドバトの害にそうとう悩まされているらしい。

日本では人気《ひとけ》のあるところではドバトを追い払うため空気銃を使うことさえ許されていない。

となれば、鷹の出番ではないか。鷹は自然そのものだから、環境に何一つ負荷を掛けない。これだ、と吉田さんは膝を打つ思いがした。早速、奥さんに相談すると、奥さんは意外なことに、「いいんじゃないの。鷹の本職になっていいと思うよ」と言ってくれた。

T社ではいつの間にか中間管理職になり、生き物から離れて、数字や人間関係の調整にばかり神経を使っていた。そういう会社勤めにも魅力を感じなくなってきていた。

一三年、吉田さんは四十歳で会社を辞め、鷹丸を起業した。当初は寺社や公園などからハトの駆除を依頼されるのではないかと踏んでいたが、いざフタを開けると、寺社や公園などからの発注はゼロ。工場からの依頼が圧倒的に多かった。鳥害に一番苦しんでいたのは稼働している工場だったのだ。

たとえば工場で午前中三時間ほど鷹を飛ばす。料金は三万円ほどである。だが、実際には長期契約が多い。初月は五日間、各日三時間ほど鷹を飛ばす。その後は月二回ほど鷹を飛ばし、害鳥たちにここは鷹の縄張りなのだと周知徹底させる。一ヵ月の料金がおよそ三十万円。だいたい三ヵ月から六ヵ月もやれば、害鳥たちは寄りつかなくなるらしい。

「最初に鷹を見咎《みとが》め、警戒の声を発するのはカラスです。が、鷹はカラスなどにはびびらない。自分の体重の三倍までの鳥獣なら襲えます。悠然と飛び、要所、要所に止まっては辺りを睥睨《へいげい》する。これで害鳥たちはここは鷹の縄張りになったと悟り、先を争って外に逃げ出していく。

工場で鷹にとって危ないのはガラス窓への激突ですが、人一人がずーっとついていますから、そうそう事故は起こさせない」

鷹で害鳥駆除を手掛ける業者は全国で五軒ほどらしい。数が少ないから、吉田さんも石川、富山、福井などの北陸方面と三重、愛知、新潟などをカバーしている。現場までの移動に時間がかかるが、雉《きじ》ならぬ鷹を連れた桃太郎のようなもの。気楽なところがなによりいい。

（二〇一八年一月号）

外資系航空会社からまちのパン屋さんへ　松浦栄一

地下鉄新中野駅の近く、青梅街道に面して小さなパン屋がある。ここのアップルパイは二百八十円と安いのだが、すごく評判がいい。今年三月、中野区の逸品グランプリおみやげ部門で銅メダルももらっている。

店主は松浦栄一さん（55歳）で、六年前までハワイアン航空の日本支社に勤めていた。が、二〇〇六年二月リストラに遭った。その前、〇二年にもリストラの波はあったが、そのときは会社に残れた。〇六年には日本支社そのものが閉鎖され、どう足掻いてもしがみつきようがなかった。

航空会社には十七年いた。その前は旅行会社に十年勤めた。松浦さんは勤めはもういいと思った。何か作って暮らしていけたら。が、手に職はない。いったい四十九歳の自分に何ができるのか、何かできるように修業できるのか。子供はまだ小さい。会社から割り増しの退職金をもらったが、そんなものはアテにできない。急いで仕事を始めなければ――。

バリエーションの多いパンで勝負

食べ物はいつの時代にも必要とされる。食べ物作りがいいと思ったが、素早く技術を学べる食べ物には何があるのか。日本そばやラーメンぐらいなら作れるかもしれない。しかし作るだけではダメで、売れなければならない。流行る店にしなければ即閉店である。

そばやラーメンはバリエーションが少なそうだ。店を構えて、単品でこれだと打ち出せるような味を出さないと勝負にならない。

なにせゼロからのスタートである。得心がいくまで修業するには、残された時間が少なすぎる。パンならどうか。食パン、クロワッサン、菓子パン、調理パン、いろいろある。バリエーションが豊富だから、季節の移り変わりやそのときどきの流行りにも対応できるかもしれない。

松浦さんはパン作りで行こうと決めた。奥さんはあなたがやるというなら、見守るしかないと言った。文字通り背水の陣である。退けば川にはまって溺死する。前に進むしかない。

最初、製パン学校に行こうと考えたが、友人に忠告された。中年になって学校に行くのは迂遠すぎる。現場に飛び込んだ方が早いよ、と。その友人が三重県鈴鹿市でパン屋を開いているフランス人を紹介してくれた。

ドミニク・ドゥーセという人で、パン作りでシュバリエ勲章を受け、日本のテレビ局が主催する大会でチャンピオンに二度なっている。弟子につくには最高の先生である。

松浦さんは鈴鹿市に出かけ、ドゥーセ社長に事情を話して頼み込んだ。とにかく一刻も早くパン作りを学び、自分で商売しなければならない、と。社長といっても松浦さんより若い。社長は「それは大変だ。早めに一本立ちできるよう、やってみましょう」と全面協力を約束してくれた。

以後、鈴鹿市に単身で住み込み、朝六時出勤、夜七〜九時ごろまでパン製造の現場で働いた。製造所は七人で、うち女性が二人。二十二〜二十三歳の若い人も松浦さんにとっては先輩だから、敬語で接した。毎日ではなかったが、ドゥーセ社長も手ずからマンツーマンで教えてくれた。素材の配合割合、加えるタイミングから始まって、パン屋の基本はおいしい、安全、衛生的だということ。パン屋のあり方、どう経営したらいいのか、など惜しみなく助言してくれた。

一日中立ちっぱなしの仕事だから、足が辛かった。が、もともと体を動かすことが好きである。大学生になってサーフィンを始め、旅行会社に入っても続けた。結婚して子供ができてからは一日中海に入ってもいられず、シーカヤックに切り替えた。今もって身体に悪いところはどこにもない。だから四十九歳の手習いながら、すんなり立ち職人に移行できたにちがいない。

　鈴鹿では一年八カ月、修業した。ドゥーセ社長は事情が事情だからと特別に「ドミニクドゥーセの店」の暖簾《のれん》分け店として一本立ちを認めてくれた。〇九年現在地の中野に開業した。店名は「ＰＩＮの店」とした。フランス語読みで「パン」になるが、意味は松浦さんの「松」である。

　もともと松浦さんは中野で生まれ育っている。弟が一人。子供のころは近所の空き家に入り込んで隠れんぼや戦争ごっこをした。小・中は公立で、高校は近くの明大付属中野高校に通った。

　ずーっと中野に住んでいて五十過ぎに中野で自分の店を開く。ふるさとの街に戻り新参の気分だったろう。借りた店舗は家から五〜六分の距離。二階に大家さんが住む小さなビルの一階である。

　開店にはトータル千五百万円かかった。十四坪の店舗の奥に窯を据えた。厨房設備が高く千二百万円を注ぎ込んでいる。

売れ残ったものは捨てられない

朝五時に起きて六時には店に入る。パンを焼き、前日売れ残ったパンを一つ一つビニール包装し、一個百円の均一価格で店の前に並べる。無人販売である。青梅街道の歩道は通勤の人がひっきりなしに往来する。その人たちが十二〜十三秒というわずかな時間でお徳用のパンを買ってくれる。

「パン屋の仕事は絶対に売れ残ります。しかし作った私としては捨てられない。それで東京の近郊によくある野菜の無人販売にヒントを得て、百五十円のパンも三百円のパンも百円均一、応対する店員も雇わない形でテストしました。結構、重宝して下さる方がいて、たいてい売り切れます」

毎日パンを焼き、店に並べ、接客する。午後二時ごろ一段落して二十分間ぐらい昼寝する。その後働きづめに働いて、寝るのが十二時ぐらい。睡眠時間は五時間である。

「実働時間でいえば、サラリーマン時代の二倍は働いてます。自分の生活がかかっているし、努力した結果がそのまま自分に返ってくる。手抜きはできないし、お客さんとのちょっとした会話が『よーし、やるぞ』という気持ちにさせてくれたり、街の動きを教えてくれたりしますから、接客は欠かせないんです」

大変な仕事である。店を始める前には一店目が成功したら、二店、三店と増やしてはどうか、と友人に言われたが、今はとてものことにそんな気分にはなれない。

「もう家賃を払って商売する時代ではないんですね。パン屋も一年目は好調です。近所の人がどんな味なのか、好奇心で買ってくれます。二年目は一年目の勢いをある程度続けられる。三～四年目でその店が上がるか下がるか、決まります。私のところは今年で四年目。東日本大震災の去年より上向いていますが、決して楽観できません。街に定着できるかどうかは自分の努力次第ですね。

しかし、なんといっても、この店は地の利に恵まれてます。高齢の方が割と多い。そういう方たちは健康面に気をつけ、美味しいものへの追求心が高い。近場に新しいパン屋ができれば試されて味を見、評判を聞かせてくれます」

松浦さんは付属高校からそのまま明治大学商学部に入り、前記した通りサーフィンを始めた。いい波を求めて湘南、千葉、宮崎、鳥取、仙台などの海に行ったが、当時から行く前、旅の日程を立てるのが好きだった。海という大自然、フィールドの大きさ。計画を立てるだけでわくわくした。

それで財閥系の旅行会社に入り、欧米、アジアはほとんど回った。勤めのかたわらサーフィン仲間と語らい、フィリピンのカタンデュアネス島にサーファー向けのリゾート施設を開いたりもした。これは台風の襲来で壊滅したが、航空会社に移る前には親子三人でハワイとフロリダに一年語学留学もしている。

こうした経歴とパンの味とはどこかで結びついているはずである。なにしろ松浦さんが自ら焼く。前職は決してムダになっていないと信じたい。工場製品ではなく手作りのものには作り手のそれまでが入り込みそうである。

（二〇一二年七月号）

重機メーカーを辞めたオーダー家具職人　山口祐弘

自分の創意工夫が生かせる仕事。部分ではなく、自分が着手から完成まで全体にタッチできる仕事――。人はそういう仕事に充実感と生きがいを感じると、どうやら断言していいのかもしれない。

そのような仕事をやれるなら、東証一部上場会社での安定した生活さえ色あせて見える。山口祐弘さん（41歳）の話を聞いていると、そんな感じになる。もちろん人にもよるし、前職にもよる。だが、たとえば手仕事だ。好きな人にとって圧倒的な魅力である。

山口さんに職人の血が色濃く流れているわけではない。一九七五年、福井県武生市（現・越前市）の生まれで、父親は日本通運に勤め、重機建設系の仕事をしていた。祖父は八百屋。ただ叔父に仏壇職人がいたが、だからといって職人の血とはいえまい。

生家は五右衛門風呂で、薪を燃料としていた。薪は板パレットや古材で、パレットをバラしては釘を抜き、丸ノコで切って竈《かま》にくべた。古木材は庭の片隅に積まれ、犬小屋などは簡単に作れた。山口さんはそのせいか小学生のころから工作が大好きだった。粘土で噴火する火山を作ったこともある。

小学校時代はスポーツ少年団に入って野球や卓球をやり、中学のクラブ活動では陸上と美術を半々にやった。県立武生東高校に進み、仲のいい友だちに誘われて柔道をやった。

大学では機械の設計をやりたかった。授業料の安い国公立も狙ったが、結局は推薦で近畿大学の生物理工学部機械制御工学科に入学した。学部は和歌山県紀の川市にあり、アパート住まいになった。近くにはローソンが一軒だけ。田園地帯だった。

ロボット工学には成績上位十名しか進めない。それで、人間工学のゼミに入った。作業姿勢が体にどう影響するか、筋電図などを使って数値化、分析する。今振り返っていえることだが、椅子作りやテーブルの高さ決めなどに役立つ。

九八年、大学を四年で卒業し、大手の重機メーカー・タダノに入社した。工場は香川県高松市にあり、寮住まいだった。配属された先は高所作業車の設計開発部門。電気工事などに使う電工仕様、看板の取り付けなどに使う一般仕様に二大別されるが、どっちにしろ油圧ポンプでカゴを上空に押し上げていく。

どのような作業車を作るか、大もとのところで構想し、設計できるのだから、仕事に不満はなかった。ただ設計台にどんなに向かっても、自分の手は作業で汚れない。山口さんは自分の手で部材を摑み、組み立て、格闘して仕上げ、完成車を見たかったのだが、そうした願いはまるで満たされなかった。何かを作っているという実感がない。

ある日、工場近くの家具製造工房に行き、仕事を見る機会があった。工房では顧客が素材選びから決めるオーダーメイド制をとり、一から十まですべて手作りで家具を作っていた。

見ていて山口さんはこれだと思った。

「職人に空きができたら、僕みたいな人間を雇う余地はありますか」

責任者は山口さんをじろっと見て、「中途半端な人は要らんよ」と言った。木工の世界は中学卒か高校卒で始めなければ物にならない。まして賃金は安い。大卒でいい給料を取り、なまじの知識と技能を持つ者が続けられる仕事ではない、と断られたのだ。

だが、山口さんは、一から十まで自分が携われる仕事があるという思いに取り付かれた。職業訓練校で木工の技術を本格的に身につけ、少しの間、いい親方を見つけて弟子入りすれば、物にできるかも。まだ自分は二十代、辛うじて間に合うのではないか。

山口さんには和歌山での学生時代からつき合っていた彼女がいた。後に山口さんの妻になる女性だが、彼女に相談すると、「自分の好きなことをやったらいいんじゃないの」と賛成してくれた。彼女はすでに看護師として自活していたから、山口さんがどういう状態になろうと、支えていける自信があったのだろう。

勤めて七年、二〇〇五年に会社に退職を申し出た。上司はびっくりし、「管理職になる手前じゃないか。もったいない。ここが嫌なら、ちがう部署もあるんだぞ」と引き留めてくれた。だが、山口さんの決意は揺るがず、予定通り退職し、その年のうちに木工界では有名な上松《あげまつ》技術専門校（長野県上松町）の試験に合格し、入学できた。一年後、専門校を修了し、再び香川県に戻って家具メーカー「シティング」に入り、各種家具製作の実際を学んだ。

山口さんの徒弟時代は約四年間続いた。一〇年に故郷の越前市に帰り、越前指物工芸に改めて弟子入りした。ここで越前タンスや指物の伝統技術を学び、一本立ちの準備を始めた。

世代を超えて使われるオーダーメイド家具

ようやく一二年、合計六年に及んだ修業時代を終えた。同年、越前市大虫町に自分の工房「ファニチャーホリック」を設立、オーダーメイド家具の製作を始めた。指物工芸の親方からは「粗大ゴミは作るなよ」とよく言われたという。

「オーダー家具を作るからには末代まで使ってもらえる家具を作りたい。『おばあちゃんが大事に使っていた家具だから、私が使い続けて絶対捨てない』と言ってもらえる家具を作るのが理想です」

とはいえ、山口さんはムク材の重い家具に固執しているのではない。必要に応じて建材物といわれる合板やメラミン化粧板も使う。

「手作り家具の道の一つに『作家』になるという生き方があります。その道で成功すれば、誰それが作った家具ということで家具が売れていく。修業中、一瞬、作家という言葉も頭をかすめましたが、それは捨てました。望んで作家になるものではないだろうし、私の道はあくまでも日用に供する家具作りです。

たとえばテーブルの注文を受けたとします。注文主がテーブルの上でパン生地を捏《こ》ねることがあるといえば、それにかなった頑丈さと高さがあります。また料理教室を開いている先生向きにはそれ相応の高さ、広さのテーブルがあった方が便利です。

あるいはダイニングキッチンでアイロンをかけると聞けば、システムキッチンをアイロン台収納の形にするとか、お客様の使い方で家具の形が変わっていく。今やっているのはそういう家具作りです」

一四年、福井県の伝統工芸を支える若手職人が「七人の侍」というグループをつくり、山口さんも誘いを受けて参加した。越前タンスの担当で、ファッションショー向けに越前タンスを使ったキャリーケースを作ったところ大きく反響があった。重さ一四キロ、機内にも持ち込みできる。重厚な金具がついた和箪笥とキャリーバッグの取り合わせはたしかに意表を突く。

山口さんの作家的な仕事といえるが、収入はまだタダノ時代の三分の二程度。これを引き上げていくために、今、山口さんは間口が広く、多くの注文に応えられる職人であろうとしている。

（二〇一七年十一月号）

B型肝炎きっかけに国産大豆の豆腐屋開業　周浦宏幸

千葉県神崎町《こうざきまち》は明治後期に成田鉄道が開通するまでは利根川水運の河港として栄えた。昔は早場米と酒造で賑わい、芸者もいたし、宿屋も映画館もあったと聞いた。

通りは今もそれらしい痕跡をわずかに留めている。古い字体の看板や朽ちかけた蔵造りの商店など、かすかに往時の繁栄が窺えるが、ざっと見たかぎりではシャッター通りの一言で片づけられそうだ。

その通りに「月のとうふ」店がある。周浦宏幸さん（45歳）が四年前にオープンし、今では毎日豆腐二百丁と油揚げや生揚げなどを製造・販売している。開業に当たっては専用の井戸を掘って地元の水を使い、大豆も地元、神崎産の在来種を五十％使っている。ゆくゆく作付けを増やし、百％地元の大豆を原料とする予定だ。

周浦さんは脱サラである。兵庫県尼崎市の生まれだが、今は千葉県の北の外れ、この神崎に根をおろし、一家三人を穏やかに養っている。

豆腐一丁が二百十円。スーパーよりは高めだが、街の人たちは買ってくれる。以前、街には四軒の豆腐店があったが、全部廃業した。その後、周浦さんの「月のとうふ」が始まったから、受け入れてくれる余地は十分あった。

長男である。下に妹と弟がいる。尼崎の家を継ぐことは今のところ考えていない。中学時代、親から何かスポーツをやればといわれ、バスケットをやった。高校は関西大学第一高校に入り、アメリカンフットボールを始めた。関西大学でも続け、四年までレギュラーで通した。

一九九〇年に卒業し、中堅のT不動産に入社した。上京して東京・八重洲の本社に通った。会社でやったことはマンションの用地取得から販売まで。一棟五十〜三百戸ほどのマンション専門ディベロッパーだった。

不動産会社入社直後にバブル崩壊

しかし、この年辺りから景気の雲行きが怪しくなった。夏、社長の訓辞があった。前年にはなかったこと、と先輩に聞いた。不動産はまだ辛うじて動いていた。周浦さんはバブルの残り香を嗅ぐように銀座や赤坂、上野辺りで顧客の接待に当たった。

そのうちマンションが売れ残り、会社に融資する銀行の目が厳しくなってきた。九百人ほどの会社だったが、資金繰りは厳しそうだった。

　バブル後の八年間を不動産業界で過ごした。九八年にT不動産を退社し、すぐ住宅・都市整備公団（現・都市再生機構、略称UR）に転職した。前と同じような仕事だったが、目先を変えたかった。仲間も途中入社していた。

　最初は経理に配属され、その後、再開発課に異動になった。川崎などの工場跡地をきれいにして入札制で売却する。外資が物流基地にするなど、予想外に大型物件が動いていた。勤務地は新宿、九段下、横浜と変わった。

　三十七歳のとき、勤務先の健診でB型肝炎が見つかった。それまでも耐えられないほど体がだるいときがあった。母親から垂直感染したもので、〇五年に入院となった。

「肝炎には決定的な治療法がないんです。快《よ》くなったと思うと、また調子が悪くなる。だから病院を出たり入ったり、勤めに出たと思うとまた入院したり、二年間ほど休職扱いで養生してました。何カ月かすると、給料が出なくなる。だけど、健康保険はあるし、多少貯えもある。そんなに焦りは感じませんでした。

　決定的な治療法がないから、何か自分でできることはないか、考えるんです。それで食べ物に目が行き、その延長で食べ物のつくりかた、自然農法に関心を持ちました。病院にいるから、もっぱら本を通して勉強するしかない。ちょっと快くなってから、農業の現場を見てみたくなり、外に出かけました。援農などに出るようにしたんです」

千葉の成田や東京の八王子に出かけ、イベントに参加した。援農とはいっても草取りだったり、芋掘りだったり、半病人でもできる仕事だった。青空の下に出ると非常に気持ちいいと感じた。子ども時代、祖父が少しだけ畑仕事するのを見ていた程度で、自分では経験がなかったが、何か自分に合うように思った。

肝炎は悪化すると肝硬変になり、肝がんになる。組織に在籍していた方が治療には有利だが、〇七年、三十九歳の時、URを辞めた。

そのときには豆腐屋になろうと決めていたから、早く辞めて次のことをしたいと、気持ちが前向きになっていた。独身だった強みもあり、前途に不安は感じなかった。

「最初、自分が何ができるかと考えたんです。一次産品の加工がいい。それなら、そば屋、パン屋、豆腐屋だ。だけど、そば屋は夜、商売しなければならない。こっちは夜働ける体ではない。パン屋は競争が激しいし、(売れ残った)パンを毎日食べるのもハードだ。残ったのが豆腐です。

自分が食べる物を考えても動物性のタンパク質は減っている。豆腐は日本の食文化として長い歴史を持っている。都内の豆腐屋は跡継ぎ不足でここ二十年、二千軒、一千軒と減ってきている。減ってる現実があるなら、やってみようと考えたんです」

スーパーに行けば豆腐は買える。大手メーカーが大量製造、大量販売する豆腐だが、豆腐の需要が減っているわけではない。国産の大豆で豆腐をつくる。たしかに大豆の国内自給率は六％前後だが、栽培すれば手に入らないものではない。

朝四時起きで豆腐屋修業

周浦さんの大豆への興味と千葉県神崎町が結びついたのは神崎で開かれた物産展に出かけたからだ。

「ケーキを売ってる店が出ていた。聞けばおからのケーキで、ここ神崎の大豆を使って豆腐をつくっているお店が東京・池袋にある。そこのおからを使っているからうまいんだ、と。実際に食べてみるとうまかった。その豆腐店の名前を聞き、豆腐づくりを勉強するならそこだと頭に入れました」

池袋の大桃豆腐という店だが、訪ねてみると、タイミングよく店も募集をかけていた。師匠となる三代目店主、そのお母さん、バイト一人という家族経営で、周浦さんは早速同店に住み込んだ。朝四時に起きて店主と一緒に豆腐をつくる。接客もし、十九時には店をしまう。一日があっという間に過ぎたが、とはいえ一日十五時間労働である。それを二年間続けた。

このときも肝炎の薬は飲んでいた。年に四回、今もって検査を受けている。が、つらいとは思わなかった。そのときには結婚相手も決まっていた。

神崎には「こうざき自然塾」という稲作を主体とした農家のグループがある。米を生産するだけではなく販売まで考え、消費者との関わりの中でどのような米が望まれているのか、生産者自身が理解できるようになるという考えでスタートしている。

周浦さんはこうざき自然塾の応援も受けて神崎町で店を開いた。借地の上に作業場と店舗を兼ねた平屋を建て、井戸を掘った。費用の一千五百万円は退職金や貯えで賄えた。

今も毎日繰り返している。最初に豆を碾《ひ》き、半日水につける。朝六キロを単位として釜に入れ、天然のにがりを加え、七〇センチほどのへらで攪拌しながら煮る。煮えたら絞り、豆乳とおからに分ける。全部で八釜煮る。おからは近くの農家が飼料や肥料に使ってくれる。

へらで掻き回す作業は腰にくる。ここでも一日十五時間労働だから長い。しかし、奥さんとなった女性が手伝ってくれる。経理を見て、少しだけある発送作業を引き受けている。結婚して子どもが一人生まれた。

歩いて二～三分もすれば、利根川畔に出る。店の斜め前は今が二十四代目という寺田本家である。創業が延宝年間（一六七三～八一）と古く、「五人娘」の銘柄で知られる酒造所だ。五分も歩けばなんじゃもんじゃの木で有名な神崎神社がある。神崎は自然にも文化にも恵まれた、子育てに打ってつけの穴場かもしれない。周浦さんはいいところにいい仕事を見つけたといえる。

（二〇一三年十月号）

印刷会社課長がいちから学んで庭師に　小萱貴彦

鯉口シャツというのをご存じだろうか。柴又の寅さんが着るだぼシャツに似るが、もう少し袖が腕に密着していなせである。祭りのときなどに着、仕事で普段使いする大工や庭師、板前がいる。

小萱貴彦さん（46歳）は鯉口を着て、都心の喫茶店に現れた。さすがに足元は十二枚コハゼのハダシ足袋ではなく靴だったが、それでも職人の恰好が似合っている。昔でいえば学士様でもある庭師なのだが、誰もが叩き上げの職人と信じるだろう。

小萱さんの経歴は一風変わっている。一九七〇年茨城県取手市の生まれ。父親は海外で単身赴任勤務が多かった。

自宅は利根川の河畔にあり、近くの広々とした河川敷がいい遊び場になっていた。カヤ原を背景に飛んだり跳ねたり、ターザンごっこをやったり。高校までサッカーを続けたのも野外で身体を動かすことが好きだったからだ。

中学、高校は茨城県屈指の進学校である茗渓《めいけい》学園に進んだ。経営母体は筑波大学や東京教育大学、図書館情報大学などの同窓会である茗渓会。イギリスのパブリックスクールをモデルとし、帰国子女がクラスの三分の一近くを占めていた。

小萱さんの姉が茗溪学園中学校の一期生だった縁で小萱さんも同校に進んだのだが、やや荷が勝ちすぎたかもしれない。勉強がそれほど好きではなかったのだ。大学は一浪して志望校に入れず、成城大学法学部に入った。友人に誘われスキー部に入り、合宿に参加するなど部活中心の学生生活を送った。身体を動かすことが嫌いではないからアルバイトは力仕事から飲食、飛び込み営業など、業種を問わずなんでもやった。

九三年、大学を卒業し、銀座にあった、従業員二百人ほどの印刷会社に入った。いろいろ就職活動もしたが、大学の名で振り分けられるなど、失望や反発も感じていた。企業側がそうなら、こっちも看板で仕事はしない、自分の実力でのし上がってやるという気持ちで選んだ会社だった。

会社は入社の前年に大手のゲームソフト会社と業務提携したばかりで、パッケージや取扱説明書、ハードウェアの箱の印刷など、ゲームや電機会社の仕事を半ば専門にこなしていた。

小萱さんの担当も法人営業だった。まず得意先の話を聞き、見積もりを出し、原稿を受け取り、印刷見本を差し出し、完成原稿に漕ぎつけ、校正し、色校正し、納品し、と何度も得意先と会社との間を往復する。一瞬も気を抜けない煩雑な仕事だった。勤務は不規則で、編集部門は仕事が遅く、残業が多くなり、帰宅はたびたび深夜になった。体力があったから、なんとか持ちこたえたものの、長いことやる仕事ではないなと思っていた。初心は「石の上にも三年」だった。少なくとも三年は続けなければと思いながら、いつの間にか十三年間つとめ続けた。その間、結婚もしたし、課長にもなっていた。

奥さんになった女性とは会社の外、サーフィンやボディボードで知り合った。彼女は事務職をするかたわら、ラジオ番組のディスクジョッキーをやるなど、やりがいのある仕事についていたが、収入は小萱さんの方がいくぶんか多かった。

潜在的に独立志向は持っていた。どうにも宮仕えは性に合わない。「いつかは会社を辞めるから」と結婚前、今の奥さんに伝えていた。問題は、辞めて何をやるかだった。やるなら野外の仕事がいいなと思っていたが、具体的にそれが農業なのか、庭師なのか、自分でもよく分からなかった。

退社の一年前、三十五歳のとき、晴海の町田ひろ子アカデミーに毎週土曜、一年間通った。専攻はガーデニングプランナー科で、図面、パース、プレゼン（制作課題）などを学んだ。鳥瞰図的にガーデニングのおおよそを知ることができた。

庭の仕事は自分に合っていると確信したが、もちろんこれだけでは足りない。もっと勉強しなければ職業にはできない。が、先に進むためには会社を辞めなければならない。

奥さんも退職に同意してくれた。共働きだったから、なんとか家計はもつ。三十六歳で会社を辞めた。三カ月後、都立職業能力開発センター江戸川校のグリーンエクステリア科に半年間通った。ここで庭木の剪定や造園作業を実習で学んだ。竹垣や石組といった造園作業やブロック、レンガ組積、木工作業、測量などを実習し、簡単な製図、造園概論などの座学もあった。

家造りと庭造りの両方を追う

その後、昼間はガーデンデザインのY氏に師事して造園の実際を叩き込まれた。夕方六時からは早大芸術学校の建築設計科に入り、三年間学んだ。二級だが建築士の資格を取ったほか、一級造園施工管理技士、第二種電気工事士の資格も取った。

家造りと庭造りを別々に考えるのではなく、同時に融合して考えられるプロでありたい。だからこそ両方を学んだのだが、学校に出入りする有名建築家の中に三十過ぎの弟子を取る人はいなかった。

二〇一二年に独立、都内葛飾区に小萱庭園設計を創業した。立脚点としては、「家庭」という言葉は「家」と「庭」から成る、両者は不可分だと考え、「両方を同時にできる」を売りにしたかったのだが、今のところ需要は庭師の方が高い。

設備としては、一トントラックを買い、荷台にアルミ製の三脚脚立などを積み込む。他にスコップやハサミ、刈払い機、庭木用のトリマー、ブロワー、棕櫚《しゅろ》ナワなど。庭師その物の道具立てで都内近郊の得意先を回る。

なにしろ地つきの庭師ではなく、新興の庭師である。顧客の獲得も大変で、チラシ五千枚を撒いてヒットするのが五〜六枚という。最近でこそ顧客から顧客の紹介が出てきたが、軌道に乗るまでが大変だった。救いは庭木は定期的に伸びるから、ヒトの散髪と同様、定期的な手入れが欠かせない。一度頼まれて顔がつながると、定期的に声が掛かることだ。

創業四年目の今でも収入はサラリーマン時代の八割ほど。起業して平坦な道である道理はないが、それでももうサラリーマン時代には戻れないと小萱さんは言う。

「なによりお客さんの顔が見える仕事だということ。お客さんに喜んでもらえると、庭師冥利に尽きるな、と自分でも嬉しくなります。母親は草花の手入れが好きだったし、ぼくも子供のころから図工や工作が好きだった。手仕事が性に合っているし、草木という自然と接していると、気持ちが落ち着く。

そういえば、最近野外スポーツの回数が減っている。仕事で外に出ているから、休みの日まで外に出て身体を動かすのがおっくうになった。この点、スポーツ好きの女房からも『最近、海に行かないね』といわれます」

好きな分野で仕事をすると、趣味や道楽が少なくなる。やる必要がたぶん薄まるからだろう。このことはヒトとして幸福なことなのかもしれない。

（二〇一六年八月号）

愛知万博の「千年時計」手がけた時計職人　成瀬拓郎

ＪＲ名古屋駅から車で十分ほど、中村区の住宅街に成瀬拓郎さん（43歳）の時計工房がある。玄関に入ると、奥に大きなステンレス製の和時計が据えられ、時を刻んでいる。成瀬さんが歯車一つ一つを設計して製作、部品を組み上げて仕上げた手造り時計だ。スケルトンというのか、外から見ても内部の歯車が銀色に耀《かがや》いている。動力は昔ながらのゼンマイ、一時代前のメカが好きな人にはぴったり来る。

二〇〇二年、二十九歳の時、成瀬さんは脱サラし、名古屋でナルセ時計を設立した。だが、大学は航空工学科で飛行機乗りになるべく一所懸命だったし、サラリーマン時代は自動車の生産設備や精密部品のメーカーに勤め、時計とは縁がなかった。それがなぜ今、手造り時計が生業なのか。

子供時代に工作好きだったことが大きいのかもしれない。父親は宅配便の運転手で、成瀬さんが幼稚園のとき、自らねだって、大工道具一式をプレゼントしてもらった。かなづち、釘抜き、ノコギリ、かんな、ノミ。母親はかまぼこの板を洗って干しておき、それを材料に小鳥の巣箱などを作った。

父親は絵が上手で、成瀬さんもその血を受け、中学二、三年には熱田神宮の写生大会で県知事賞をもらった。同じころ近くの解体屋で五〇ccのバイクを五千円で買い取り、家に持ち帰ってばらばらに分解、キャブレターなどに手を入れ、ついにエンジンを掛け、走らせることに成功した。

一九九二年、県立瑞陵高校を卒業し、鹿児島県霧島市にある第一工業大学航空工学科に進んだ。なぜ鹿児島の大学だったのか。パイロットになりたかったからだ。航空工学科があるのは東大、京大など一流校か、多少難のある地方大学か、二極化している。自分が入りやすい大学ということで選んだ。

四年間、大学の寮で暮らしたが、飛行機操縦の実習はなく、エンジンにもさわれなかった。それで一年生だった九二年、旅行費用も含め百五十万円を投じてカリフォルニアに渡り、一ヵ月間、教習所で猛勉強し、自家用セスナ機の操縦免許を取った。中学時代、一ヵ月間、アメリカのシアトル郊外にホームステイし、ある程度英会話は聞き取れる自信があった。が、管制官とのやり取りでまず優先されるのはヒアリング力、次に他者の会話の隙間に割り込むとっさの瞬発力である。

成瀬さんは必死になって会話と操縦に取り組み、めでたく免許を取って帰国すると、日本はバブル崩壊の後、失われた十年、二十年を深めていくばかり。パイロットを雇ってくれるような景気のいい企業は年々減っていった。

九六年、大学を卒業したが、タダでさえ地方大学には企業から採用募集がない。大学の就職課はまるで当てにできず、故郷の名古屋に帰ってようやく内定を取った企業もつぶれた。その後やむなく職安に通った。成瀬さんは大学卒業と同時に失業者の群れに落ちたことになる。同年五月、県内小牧市にある自動車ボディ生産設備のH社に採用された。ここは従業員二百人ほど。トヨタなどと取引して事業内容に不安はない。会社は景気がよく、月の残業時間が百時間を超えるほど。英語が多少話せたので、オーストラリアに半年ほど営業に出された。

成瀬さんには、人一倍仕事をしているという自負があった。ところがボーナスをもらい、たまたま同期のMの支給額を知ることになった。自分より多い。仕事ができないことで定評があるMがなぜ自分より高評価なのか。

成瀬さんは公然と不平不満を口にした。と、上司が「社長が呼んでるぞ」と伝えた。何だろうと成瀬さんは上階の社長室に上がった。ガラス窓からは工場の敷地が見渡せる。社長が椅子から立ち上がって声をかけた。「君か、ボーナスが少ないと文句を言ってるのは」「はい、なにしろM君よりぼくは低いんですから」「ふーん」。社長はにやっと笑い、窓の外を見た。

「あそこもな、M君のお父さんのおかげで広げられたんだ」

この瞬間、成瀬さんは全てが腑に落ちた。Mの父親は市の偉いさんで、工場の拡張に便宜を図ったのだろう。そのお返しでMはH社に就職でき、かつH社から高給をもらう。すぐこの会社を辞めてもいいなと思ったという。

また成瀬さんには学生時代に知り合った女性がいた。鹿児島の人で、一人娘だから鹿児島を離れられない。結婚することになり、必然的に鹿児島で職を見つけなければならなくなった。

社長の特命で自社商品を開発するも

H社を三年足らずで退職し、彼女の家の近くの霧島市に立地する高度精密板金加工のF社に転職した。従業員が四十人ほど。地域では若く元気がある会社として知られていた。同社は半導体製造装置の製作などで東京エレクトロンや旭化成の仕事を受けていたが、下請けではなく、なんとか自前の商品を世に送り出したいと願っていた。

入社ほどなく、成瀬さんには家庭用生ゴミ処理機の開発・製造が指示された。ある種の細菌利用で臭いも水も出ず、使用後は家庭菜園の堆肥にもなる生ゴミ処理機を、という社長特命だ。

すでにこの分野では他社から製品が出ていた。成瀬さんはそれを買い込み、分解して参考にし、なんとか期限内に製品化を間に合わせた。が、会社上層部と細菌の会社が配分をめぐって揉め、話そのものが流れた。

元請け会社からの合弁事業も現場レベルで手掛けたが、最終的には上同士の交渉決裂で流産した。現場で夜の目も寝ずに仕事をしたが、上の都合でその仕事はいっさいなかったことにされる。成瀬さんはゲンナリして、独立自営を模索することになった。

同じころリサイクルショップでゼンマイ時計を見つけた。なんともアナログ機械が懐かしい。時計を買って分解し、再組み立てした。これなら会社の機械を使えば、簡単に作れそうだ。早速、3Dの設計ソフトを買い、試しに自力でゼンマイ時計を作ろうとした。第一号機は作動三秒で止まったが、以後、時計造りがホビーになった。一年ほどで十八機を作り、商品パンフレットを作ってロフト名古屋に持ち込んだ。幸い担当者が乗り気になってくれ、すぐ商品化しようと話がまとまった。

〇二年、両方の家族の大反対を押し切り、貯金七十万円と設計図をもって名古屋で起業した。ロフトの担当者が最初につけた売値は二万八千円だった。材料費を考えれば赤字だったが、そのかわり店を訪れた万博協会の担当者が注目、愛知万博の高さ四メートルの「千年時計」の製作を一千万円で発注してくれた。

製作の過程でからくり人形師の九代玉屋庄兵衛と出会い、和時計の良さに目を開かされる思いもした。これからは独自性を持った高付加価値商品でないと、市場に容れられないと悟った。

成瀬さんの置き時計は今、最低でも三十万円はする。従業員はいず、一人親方の一人社員だが、年収は会社員時代よりもいい。成瀬さんを見ていると、子供の分解グセは創造の母かと思う。

（二〇一六年九月号）

ブライダル業界から高崎だるまの工房設立　小野里治

だるま市で透明なビニール袋に入れられ、山積みにされた赤いだるまの張りぼて。あれはどのように作られているのか。

小野里治さん（46歳）は十年前、サラリーマン生活を切り上げ、だるま造りの道に入った。群馬県達磨製造協同組合の後継者募集に応募し、八年間も修業、一年半前に群馬県太田市の生家でだるま工房「吉《きち》んと」を創業した。

工房を訪ね、小野里さんに話を聞いたが、工房は文字通り「家内制手工業」の現場だった。自分が生まれ育った生家をそのまま工房に転用。玄関に入ると、床が一段と高くなる。そこで靴を脱ぎ、室内に進むのが日本家屋の造りだが、ここでは靴のまま畳敷きの部屋に入る。

三室ほどある屋内には天井まで幅広の置き台が組まれ、その上に大小さまざまのだるまが自然乾燥のため並べられている。色塗り前の白いだるまもあるし、赤色で染められたただけ、まだ目鼻が描かれていないだるまもある。玄関寄りが工房の製作コーナーになっていて、製作机の周りには絵筆や絵の具、塗料やバケツなどが置かれている。

机を前に椅子に座り、右手に絵筆を握って、小野里さんが絵付けをする。もちろん左手は顔面をピンク色に下塗りしただるま像を持っている。筆の運びはパッパッと素早い。もたもたしていると、鋭い線が出ないし、絵の具が顔面を下に流れる恐れもある。そうなったら修復が利かず、オシャカにするしかない。

熟練の技である。誠実にゆっくり筆を運べばいいという仕事ではない。思い切りと絵心が必要だろう。まして高崎だるまには左右両側の眉毛に鶴、ひげに亀を表すという約束ごとがある。依頼主によっては、だるまの顔の下、おなかに金文字で「福入」、顔面の左右に「家内安全」「商売繁盛」「大願成就」「目標達成」などの文字を入れさせる場合もある。そのためきちんと筆文字が書ける技量も必要になる。

小野里さんには子供のころから自分は器用なんだなという自覚があったという。図工は得意で、本物そっくりに描く模写などお手の物だった。絵の道に進まなかったのは、自分には創造力がないと早くから見極めをつけていたからという。

一九七一年、太田市に生まれた。父親はメリヤス類やセーターなどを作る衣料会社に勤めていた。地元の小中学校に通い、隣の伊勢崎市の高校に進んだ。何をしたいというアテもなく、ぼんやり都内の大学に入りたいと考えて上京したが、結果は不合格。一年間、浪人生活を余儀なくされたが、翌年も不合格で、進学を断念し、東京に居ついてアルバイト生活を始めた。

二十歳のころ、いつまでもバイトでもあるまいと思い、各種レストランを展開する大手の飲食店チェーンW社に入った。スタッフとしての採用であり、最初はホール（接客）などを担当した。W社ではイタリアンや創作和食の店など異動が多く、その度に新知識を仕込まなければならなかったが、接客は好きだったし、楽しかった。

四年目に全社で一番若い店長に抜擢された。従業員の管理が仕事のメインになり、気苦労は絶えなかったが、それでも人づかいの面で悟るところはあった。つまり自分がスタッフの気持ちを見る。そのスタッフがお客の気持ちを見る。店でお客に気持ちよくしてもらうためには、最初に自分がスタッフに接し、気持ちよく働いてもらうことが大事だ、と思い当たったのだ。

店ではフリーターが一番の戦力になった。一番意識も高い。バイトではあっても、長年やっていれば人を見る眼ができ、見識も高まる。どの店にも古株のフリーターがいて、彼らが従業員の意識をまとめている。そういう人に着目し、その人の合意を得るようにして店の進行方向を定め、運営していく。

店長が責任を持つのは営業成績である。そのためどうしてもパソコン相手に数字に取り組みがちになる。店に出なくなるし、調理場にも出入りしない。だから店で働く者たちの気持ちから離れる。お客が何を望んでいるか分からなくなる。

W社では新宿、池袋、赤坂、渋谷、品川と、都内でも指折りの盛り場を異動、店長として各店を牽引してきた。

八年間勤めた二十九歳のころ、群馬県に本社を置くブライダル会社からスカウトがあった。その本社に古くからの友人が勤めていて、彼女が会社の社長を巻き込み、強力に小野里さんを会社に入れようとしたのだ。

この二年後、小野里さんは群馬の女性と結婚する。できるなら地元で所帯を持ちたかったから、小野里さんには群馬の会社であることが誘因になり、結局は転職した。

ブライダル会社は新郎、新婦側と綿密に打ち合わせて、計画通り和やかに結婚式を終えなければならない。レストランでの経験など問題にならないほど、接客の度合いが高いが、小野里さんには苦にならなかった。一人で黙々とこなす仕事も好きだが、会話を交わしてサービスを提供し、お客に満足してもらう仕事も好きだったのだ。

二年ほどして会社は隣接する栃木県の宇都宮市に南仏風のハウスウエディング場をオープンした。小野里さんは宇都宮に派遣され、二人体制責任者の一人に登用された。式場は独立したハウスが八つもある大規模なもので、従業員はアルバイトを含め百人前後。一日に午前と午後、二回転することも可能だったから、最大十六組が挙式できた。お客である新郎新婦にとっては人生最大といっていい晴れ舞台である。絶対、失敗は許されない。小野里さんの気苦労たるや大変なもので、完全徹夜することも珍しくなかった。

だが、会社が重視するのはあくまでも数字だった。小野里さんは営業方針に疑問を感じながら、現場の力でカバーしてきたが、それにも限界があった。

新聞記事をきっかけにだるまの道へ

三十七歳のとき、後任の責任者が決まった段階で会社に辞表を出した。八年間勤め、すでに結婚していたが、奥さんも退職に目立った反対は唱えなかった。四十前ならまだやり直しが利くと考えていた。

退職後、何をするかアテはなかった。ある日、実家に行くと、母親が新聞を片手に「ねえ、これどうかしら」と記事を見せた。高崎だるまの製造協同組合が後継者を募集しているという記事だった。「いいかもしれない」と小野里さんは直感し、応募した。組合主催の説明会には約五十人が集まった。秋田や福岡からも志望者が来た。激戦だったが、小野里さんは組合が選んだ三人のうちの一人に選ばれた。

太田市から高崎市の親方の工房まで毎日一時間半かけて通勤した。親方は一人前になるのに十年かかると言ったが、妻と子供二人がいる。悠長なことは言っていられない。一生懸命通って製造の基礎を身につけ、八年で独立を許された。

だるまの張りぼては別に専門業者がいる。それを仕入れて、手作業で色入れし、売り物になるだるまに仕上げ、お客に売る。手工業そのものだが、それでも仕事の進路や方針を自分で決められる。小野里さんはもちろん、だるまに転じてよかったと感じている。

（二〇一八年二月号）

派遣社員が一念発起、医学部を経て医師の道へ　井上哲

一度会社に入って社会人になると、ふつうは次の仕事も今の仕事の続きで探すことになる。が、そうではなく、すべてを新規に仕立て直す。再び大学に入り直し、必須科目を勉強し、国家資格を取って次の仕事へと向かう。こういうことに踏み切れる人はそう多くない。

この面倒な新規まき直しをやり通したのが井上哲さん（31歳）である。ITの仕事を辞めて一年後、医大に入り、卒業して今は三井記念病院（東京・神田和泉町）の医師である。医師はある日思いついてなれるような仕事ではない。よほど努力家でガッツがないと無理だろう。が、会って話してみると、物静かで高ぶらないふつうの人だ。意外である。いったい井上さんはどういう考えで人生を仕切り直したのか。

「社会人をやってから医者になるのは昔ほど珍しいことじゃない。私は国立富山大学ですけど、同期入学が百人。その中の一割は薬剤師だったり、製薬会社のMRだったり、入学前に多少とも社会を見ています。当然、社会人経験者のメリットもあるわけで、医師が世

間からどう見えているのか、何を期待されているのか分かります」
井上さんはあっさりこう言う。

「落ちこぼれ」だった高校時代

ざっと経歴を紹介しておこう。一九八二年東京都大田区生まれ。男ばかり三人兄弟の長男で、父親は脳外科が専門の勤務医。小学校は区立、中高は自由な校風で知られる麻布学園。授業では体育と音楽が嫌い、物理と化学が好きという生徒で、コンピュータサークルに入っていた。父親が学園に入ったときNECのPC9821を買ってくれたのだ。

麻布は毎年、東大に現役五十人、浪人五十人が合格する全国有数の進学校だが、それでも生徒に「勉強しろ」と言わない伝統がある。井上さんはそれをいいことに留年しない程度にサボり抜いた。成績は「下から一割に入っていたのは間違いない」。

高三の冬になり、受かる自信のないまま、いくつか医学部も受験したが、案の定、問題には歯が立たず、全部落ちた。浪人して次の年にも受験したが、受かったのは東京・八王子の東京工科大学の工学部だけ。結果と割り切って入学し、四年間情報通信工学を学んだ。課目はプログラム言語や通信ネットワークである。

二〇〇五年大学を卒業し、新聞社系の情報会社に入ったが、最初の一年は派遣社員として情報システムの構築・運用会社で仕事をした。

「やったのは在庫管理のプログラムを作るとか、SEの仕事ですね。自分には向いていると思っていたし、仕事がつらいとか、分からないとかはありません。お客さんと会って注文を聞く、双方の意見を摺《す》り合わせるなんてこともしましたが、人と話をするのが好きだから全然苦にならなかった。

まあ中請けの会社というか、他社の下請けもやるし、自分のところでプログラムも組む。他社を下請けにも使う。相手がさまざまで毎日変化がある。しかし先輩方の様子を見てると、生活が楽でなさそうだし、ちょっとこの仕事、人生設計を立てにくいな、と感じてました」

次の年の三月、末の弟の進路が決まった。弟たち二人はいずれも文系に進むことになった。井上家は先祖代々医者の家系である。が、自分は医者でないし、弟たちも医者にならない。つまり井上さんの代で医者はひとりもいなくなるわけだ。別に親から「誰かひとりは医者になれ」と強制されたわけではないが、うまくないな、と井上さんは感じた。

会社からは、二年目の四月から自分が派遣社員のままなのか、それとも本社に戻されるのか、何も通知がなかった。自分の立場はどうなるのか。

仕事は進行し、年度をまたいで四月十日が納期の仕事も抱えていた。必ずしも井上さんでないとできない仕事ではないが、ここで辞めれば、責任放棄になるような気もした。

井上さんは悩んだが、結局、会社を辞めて医学部に入り直すことにした。考えれば、コンピュータを相手にするより人間を相手にした方が面白いだろう。医者の家系という意識もあり、やはり自分が医者になるのが一番いいのではないかと結論を出したわけだ。

しかし社会人一年のブランクがある。翌年二月いきなり大学入試に挑んだところで受かるわけがない。井上さんは医学部専門の予備校に通うことにした。両親も自分の決断を黙って認めてくれた。

一日十時間以上勉強し医学部合格

「それまで本気を出して勉強したことがなかったんです。ちゃらんぽらんにやってきた。それが後悔になっていて、全力で勉強する生活に入りたかった。だから予備校生になって、一日十時間は勉強しました。食事とトイレ以外、休憩はなしって感じです」

しかし間を置いて、受験勉強を二度やるというのはぞっとする。できるなら、あんなものは二度としたくないというのがおおかただろう。

「短くても社会を見てますから、賢《さか》しい勉強というか、要領を使った勉強ができるんです。歳だから丸暗記はしにくいけど、実学としての医術という意識が働きます。勢いで勉強するんではなく、医学で生きるんだと意識すると、勉強の効率が上がるような気がしました」

仕事で出直すなら、早いうち、若いうちがいいはずだ。それは分かるが、手にSEの職を持ちながら、まるきり別の分野で精進できるのはひとえに意志の力だろう。おまけに医学部は入学が叶った後も、以後六年間、勉強に次ぐ勉強が続く。よほど学ぶことが好きでないと挫折してしまう。

井上さんは私大医学部のほか国立大学も考えていたから、受験科目が増えるのは覚悟の上、翌年一月センター試験を受けた。好成績を収め、結局、富山大学医学部に進んだ。

「どうせ東京を離れなくてはならないんなら、ご飯がうまそうな土地がいいなと思った。越中富山の薬売りの伝統があるから、今も和漢薬の会社が多く、薬や医学に理解がある土地です」

こうして井上さんは富山で六年間、過ごした。

富山大学医学部は警察や海上保安庁と契約しているのか、県内で死因が明らかでない遺体はすべて解剖室に運び込まれる。井上さんは三年のときから法医学教室で学んだから、合わせて二十体ぐらいの遺体で解剖を勉強できた。ふつうの医大では学生四～六人が一つの遺体を解剖できるぐらいだから、メス捌《さば》きでは習熟レベルが違う。今勤務する病院でも外科だし、父親も外科医である。今後、外科専門を目指しているのか。

「いや、内科を考えてます。外科は器用さのほか、体力が必要です。五十代でメスを放すのが平均でしょう。私は今三十一歳で、一人前になるのに十年かかる。と、最前線に立てるのはわずか五～十年だけ。私の場合、途中、寄り道をしたから、現役で医学部に進んだ人より七年のハンデがある。その点、内科は頭と口を使って患者さんに接することができる。年寄りになっても現役でいられます」

井上さんは去年二月、国家試験に通り、医師免許を取得、病院勤務になったわけだが、考えは堅実である。内科医に欠かせないのが問診だから、「問診は楽しいだろうな」と今から考えている井上さんには打ってつけだ。

「今は毎朝六時から夜七～八時まで仕事で、その後は病院の寮に帰って寝るだけ。土日もない。くたくたです。しかし仕事は楽しい。将来、患者さんに親しみを持ってもらえる医者になれたら最高と考えてます。医者であり続けるためには一生勉強し続けなければならないけど、私にとって勉強は楽しみです」

この言や善し。若いとき一度通った試験だけを頼りに一生食いつなごうとする官僚たちに聞かせたい言葉ではないか。井上さんは患者に信用される優れた医者になるにちがいない。

（二〇一四年四月号）

第四章　趣味を活かす

TOTOを早期退職した対馬の一本釣り漁師　田代静也

いくら釣りが好きでも、サラリーマンから漁師に転職するのはかなりの変わり種である。稼ぎがどうでもいい道楽などではない。地縁も血縁もないよそ者、新参者がいきなり漁業のむらに移り住み、近隣や組合に受け入れてもらう。新しく本業となった漁業できちんと家族を養い、子育てする――。

こうした生活に踏み切るには不退転の決意が必要だし、職業人として持続するためには仕事への熱意や状況を的確に判断できる頭、人付き合いや人柄のよさ、そしてとりわけ奥さんの理解や協力が欠かせない。

釣り好きが漁師に

田代静也さん（57歳）は脱サラして漁業に立ち向かい、立派に成功している。十年ほど前、一部上場企業の課長から早期退職者募集に手を挙げ、ネットで自分を受け入れてくれそうな漁業組合を探した。なかなか受け入れ先が決まらず、ツテをたどって対馬の網元兼市議でもある人物の知遇を得、ついに対馬市豊玉町に引っ越し、漁師として再出発した。

対馬は面積の八十九％が山林といわれるほど。海沿いのむらに出たと思うとまた山道に入り、坂を上って下って、また海に出てといった先に田代さんが住むむらがある。

「福岡県筑後市の生まれです。父親は機械をつくる会社のサラリーマンで、漁師じゃない。が、私は子供のころから釣り好きです。筑後市は柳川の近くで、ため池がいくつもある。そこらに生えてる竹に糸をつけ自分でウキもつくる。そんな道具でもその気になればフナが五〇～六〇キロも獲れる。四〇センチもあるフナを釣り上げると、子供心に興奮しました。釣りの楽しさをずーっと後まで引きずってきたのかもしれない」

田代さんは毎日の漁でさすがに日焼けしているが、根っから漁師のような無骨さはない。穏やかな口調で、分かりやすく話す。

「一九七〇年、県立八女工高を出て、すぐTOTOに入りました。本社は北九州市にあるんですけど、そこの試験室に十五年勤めた。その後、岐阜県土岐市の工場に転勤して品質管理をやっていた。

北九州勤めのときには月一回は海に出て、カレイやアイナメ、チヌなど、岐阜は海なし県ですけど、やはり月一で知多や渥美半島に出掛け、アジやサバ、カサゴなどを釣っていた。我ながら素人だけど釣りは上手いと思っていたけど、プロとしては生活ぎりぎりですね。今でも自分の漁は一本釣りです」

春から夏にかけては沖合に出てイサキを釣る。釣り上げると船に仕込んだ生け簀に入れ、帰港後、漁連がまとめて活魚として福岡に出荷する。形がいいものなら一匹が二千円にもなる。百匹も釣れば二十万円、やったァーという感じになるが、三十匹ぐらいでは興奮もしない。

イカも夜釣りではなく昼間に釣る。海面下一二〇〜一三〇メートルに糸を垂らす。足を除く身だけで五〇センチもある剣先イカ（ヤリイカ）だ。秋、冬には真サバやヒラマサ、ブリなど。寒ブリの大物は一本が六万〜七万円。買い手は福岡の高級魚店や料亭である。対馬は行政上長崎県に属するが、経済的には断然福岡に結びついている。

「漁師は頑張れば生活できる。体力との勝負といった面はあるけど、漁師になって成功と思ってます。嫁さんはなんと言うか分からないけど、定年はなく、長く続けられる。七十代でも頑張ってる漁師はザラです。

結局、『自分はその道が好き』が大前提なんですね。好きだからあれこれ迷わず精進できる。まじめに頑張っているかぎり、結果はついてくる。周りの目も違ってくる。応援もしてくれるし、間がよければ一目置いてくれるかもしれない」

子供が三人いる。長女は今三十一歳で、岐阜で中学の教師。長男二十九歳は佐賀県呼子で遊漁船の船長を務め、次男二十四歳は福岡にいる。だから十年前、対馬に移ったときには次男だけが対馬の中学に転校した。TOTOでは四十二歳で課長になり、部下五人のほか協力会社の職員など十二〜十三人を管理していた。

「課長になって最初の三年間は面白かったけど、そのうち管理は性に合わないと思い始めた。会社を辞めて漁師になると言い出したら、嫁さんは反対です。それまでは子育てで貯えどころではなく、せっかくもらった退職金をつぎ込んで船を買わなければならない。四〜五トンの中古船で六百万〜七百万円。釣り用の装備にも二百万円。こっちに来る前、嫁さんとは半年喧嘩です」

小型船舶一級と無線従事者の資格を取り、魚群探知機やGPS、レーダーも買った。分からないことは仲間に聞くと、親切に教えてくれた。

むらに溶け込む努力

「海に出て一人で釣ってると、人としゃべらない。と、物忘れするようになった。しゃべらないことはストレスになると思って、『組合で何か役があったら、やった方がいいかな』と嫁さんに相談すると、『そうしたら』と。一つ役を受けたら、また役が来る。今は豊玉町漁協理事のほか、無線長や船団長も引き受け、むらの区長は二回やってます」

豊玉町漁協は六百人、直接所属する綱島支所が三十人、住むむらは全戸で十四軒。漁協の六百人が定置網、アナゴ漁、もぐり、イカ釣り船など、それぞれ専門に分かれる。田代さんと同じ一本釣り漁師は三十人ほどいる。

「役に就くのは嫌じゃない。五十代が頑張らねばと思うし、役に就けば情報も入る。ただうまく収めるにはテクニックが要る。じわっと下から根回ししないといけないし、仲間と飲むことも大事です。むらの葬式は二日間、むらの全員がかかりきりになる。その日、急ぎの仕事があろうと関係ない。協力しなかったら、それこそ村八分です。むらは支え合い、多少の非はお互い目をつぶって、長いことやってきたわけです」

移り住んで十年たつとはいえ、よそ者が区長をやれるなど、滅多にないことだろう。奥さんは子育てを終え、終日、家で過ごすのは辛いからと、資格を取って介護福祉士になった。夫婦揃って地元に溶け込むことに成功したといっていい。近所の人に魚をあげると、留守の間に野菜を置いていってくれるなど、近隣関係もうまくいっている。

「漁師になって怖い思いもしてます。対馬の南部、豆酘《つつ》湾の近くに神崎という半島があるんですけど、この沖合は北から風が吹き、南から潮が流れてくる。潮と風が喧嘩して凄い大波になる難所です。そのことは前もって聞いてましたけど、日中漁を切り上げて帰ろうと、ここを通りかかったら、一〇メートルもの大波で、そのまま進めば波に突っ込む。しかたなく船を横向きにして波に天まで持ち上げられ、奈落の底に落とされて、三十分ほど生きた心地がしなかった。あれが夜だったら、完全に死んでいた。

だけど、こういうことも含めて、すべて自己責任というのは明快でいい。漁師は特に過去の学歴や職歴は関係ない。自分でやらねばならないことをきっちりやる。年長者や先輩の教えは素直に聞き、その中で言うべきことは言う。

魚は海にいるんです。いるところを狙って獲る。漁業は農業と違って、魚を育てなくていい。気が抜ける時間がありますす」

同じ一次産業でも漁業には狩猟民的な野放図さが許されるのかもしれない。板子一枚下は地獄でも、覚悟さえあるなら辛気くさくない。

「対馬の漁業が国境を守ってるんです。中央がそれを忘れてもらっては困る」

と言うのは、田代さんの対馬定着にも力を貸した作元義文市議会議長だが、逆も言える。

日本人が近海魚を食べないようなら韓国や中国に売るまで。だから漁業の前途は洋々と開けている、と。

（二〇〇九年八月号）

百貨店のセンス活かしバーを軌道に乗せる　佐藤俊明

大阪・北新地に「ミミズク」というしゃれたバーがある。

店は一階で、中はイギリスのパブやイタリアのバールっぽく、ちょっと粋でいながら、気安い感じが漂う。客単価は約二千五百円、客筋は二十代後半から三十代前半の男女が中心らしいが、騒がしくはない。天井が四メートルと高く、喫煙可でも煙がこもらず、タバコ臭くない。

オーナーは佐藤俊明さん（62歳）で、脱サラ組である。起業して二年後から店は順調に回転を始め、現在八年目。二十七坪で五十席あり、夜八時から午前二時まで一日二回転弱という。

佐藤さんに開店に至るいきさつを聞いてみると、快活にあれこれ話してくれた。話すことが楽しいという感じで、こっちまで楽しくなる。

「東京生まれで、高校、大学とも自宅から通って、一人住まいをしたことがない。一度でいいから一人暮らしをしたいと思い、就職は関西の企業を狙い、結局、百貨店の大丸になりました。

二十二歳で勤めて、選択定年で五十五歳で辞めるまで三十三年間、大丸一筋。子会社の社長になったことはあるけど、大丸以外知りません。残っていれば役員ぐらいにはなれたでしょうが、役員になっても知れてるな、と思いました」

四十一歳で部長職になった。阪神淡路大震災の後、神戸大丸を一から造り直す、やってくれ、と言われて、二～四階の婦人服売り場全部の面倒を見た。しかし偉くなればなるほど現場から離れてしまう。仕事の面白さは現場にある。

「役員定年が六十二～六十三歳として、その後何をするか。人によっては山に登ったり、ゴルフをしたり、カメラをいじったりするでしょうけど、そういうのは趣味であって、仕事じゃない。五十歳になったとき、体が許すかぎり、自分が喜びをもって何かしたいなと思いました。

酒は好きです。何でも飲む。若いころはボトル一本飲みきりましたが、三十二歳で肝臓を悪くして、倒れてからはロックで三～四杯、人並みの酒量になった。しかしただ飲むだけでなく、仕事にしてバーでもやろうかなと考えたわけです」

店の構想を説明しオーナーを納得させる

住まいは係長だったとき、堺市に一戸建てを買った。家には男の子と女の子がいたから、一戸建てが便利だった。バーをやる場所としては北新地か曾根崎かと考えた。店と家との間は近ければ近いほどいい。とすれば、堺の家を畳んで引っ越さなければならない。子供たちは成人した。夫婦二人と猫四匹だから、家は狭くていい。

佐藤さんは用意周到で、店を始めるためにまず家から準備した。店の直近といえば北区になるはずだが、北区は大阪一の都心だから、探す対象はマンションになる。が、猫四匹を飼えるマンションがなかなか見つからない。そのうち西天満に二十坪弱ながら角地のいい土地を見つけた。

設計士四人に声を掛け、お金を払うからコンペをやってくれと申し入れた。提出された案のいいとこ取りもして、中の一人に絞り込み、ホームエレベータ付きの住宅を建てた。一階を店舗用のテナントにし、二〜四階が居住部分。四階には、見上げれば星が見える風呂場を置いた。

当初、夫人は脱サラ、バー開業に反対した。危険を伴うから、女性としては避けたがる。佐藤さんはしこしこ準備を進めて、外堀から埋めにかかった。家は北新地まで自転車で十分。絶好の立地である。会社に通うかたわら、行政が主宰する起業塾にも通い、飲食店経営のおおよそも勉強した。

佐藤さんは婦人服のバイヤーとして伊、仏、米、英など世界の流行の発信地を見て回っている。行けば、土地、土地で酒を飲む。で、「パブとバールを足して二で割ったような」「イージーバー」というコンセプトを思いついた。商標もミミズクと決めたし、古い英語の書体によるmimizukuというロゴも登録した。

店は立地を何より重視しなくてはならない。北新地、路面沿いの一階で、悪くても路面から直接階段で上下できる二階か地下一階。面積は二十四～二十五坪。天井高四メートル前後、賃料三十万～五十万円。更新手数料なし。保証金六～十カ月分といった条件をまとめて、不動産屋に回した。

もってこいの物件があった。今の店である。申し込むと順番が四十番目。これはダメだと思ったが、たまたま知り合いの弁護士がオーナーの顧問弁護士の友だちで、オーナーが「会ってもいい」と言ってくれた。佐藤さんはオーナーに会い、自分がどういう店をやりたいか、説明した。オーナーは「それはいい。いけそうだ」と判断、佐藤さんに貸してくれた。

「ここを借りられた時点で、ある程度成功するだろうと思いました。一般に飲食業を始めて、三年以内に八割が失敗するといわれてます。ほとんど店を開く場所が悪かったからと見ていい。

前が麻雀荘だった店で、一部を中二階にしていた。全部を取っ払い、スケルトンから始めました。設計図は前に引いていたし、前職が百貨店だから、内装関係の業者は何人も知っている。そういう人たちに頼んで一ヵ月でオープンに漕ぎつけたんです。〇五年二月に百貨店を辞め、三月にオープン。失業保険をもらうヒマもなかった」

もちろん佐藤さんはカクテルなどつくれない。蝶ネクタイを結んでバーテンのまねもできない。それでメニューにはビール、ウイスキー、ブランデー、ワイン、日本酒、焼酎、梅酒と、せいぜい水割り程度の手間で済むものを置いた。酒のアテもチーズや枝付きレーズン、ナッツなど、ほとんどナイフで切って皿に盛ればいいものに限定したが、その分、世界各地から逸品を取り寄せた。

「店を始めて、一年目は見事に失敗しましたね。お客さんが『これはダメだよ、こうしなさいよ』というので、内装も変えたし、椅子の配置も変えた。最初はキャッシュオンデリバリー（代金引き換え渡し）でやっていたのを、ふつう通り伝票にメモし、一括後払いにもした。お客さんのアドバイスを入れて変えていき、二年たってから利益が出始めました」

佐藤さんはこの新規開店で権利金十カ月分、前家賃三カ月分、内装費、エアコン二台、プロジェクター、厨房具など、なんやかや二千万円ほど出費していた。その上に模様替えである。さぞ傷手だったはずだが、ソファーなど使えるものは使う主義を通して、たいしたことなかったと言う。

サラリーマン社長と自営社長の違いを痛感

しかし開店から半年後、佐藤さんは過労がたたって脳内出血で倒れ、リハビリも合わせ四十七日間入院した。

「通販関係でしたが、二年半子会社の社長をやってます。が、サラリーマン社長と独立自営の社長ではプレッシャーが違う。右半身が動かず、一時はどうなることかと思いましたが、今は字も書ける。三十二歳の急性肝炎のときもそうでしたが、つくづく僕は運がいい。紙一重のところで最悪を逃れてます」

運も実力のうちという。佐藤さんの脱サラ成功も運のよさの証明にちがいない。今は店で昼飯も提供し、バーテンやバイトの女性も入れて、カクテルも提供、木曜、金曜など満席の日が続いている。

最後になったが、佐藤さんの経歴を走り書きしておく。一九四九年東京・大田区生まれ。公立高校から慶応大学法学部に入り、七二年大丸に入社、心斎橋の本店に配属された。上司と合わず、三年目和歌山支店に左遷されたが、ここで上司に恵まれ、いきなりバイヤーに抜擢された。その後「仕事ができる」と評判が立ち、本店に呼び戻された。二十六歳で結婚、二十八歳で同期のトップで係長。芦屋店婦人服課長、梅田店婦人服第一部長、子会社社長などを歴任。〇五年退職、起業。

東京人だが、東京に帰る気はなく、大阪で骨を埋める覚悟と見た。大阪の水が生来合っているのか、カウンターの向こうに立つ姿が、ぴったりはまっている。

（二〇一二年六月号）

訓練費七百万円払い憧れの列車運転士に　武石和行

日本のディーゼルカーに「キハ28」という形がある。旧国鉄が一九六一年に開発し、八〇年代まで主に急行列車向けに大量製造した形のようだ。

今、千葉県のいすみ鉄道で運行している「キハ28」も前はＪＲ西日本の山陰地区や北陸地区で使われていた。

鉄道は電化が進み、ディーゼルカーはめっきり数が減った。実働している「キハ28」はいすみ鉄道だけのようだが、このどこにマニアが熱狂する理由があるのか、筆者には分からない。車体は窓周りが赤色、それ以外は肌色に塗り分けられ、いわれてみれば若いころどこかで見たか乗ったか、ぼんやりと記憶がある。が、だからといって今さら珍重する気にはなれない。

しかし、世の中には鉄道マニアがゴマンといる。鉄道模型、ＳＬや新幹線の撮影、車両前部からの沿線撮影、そのＤＶＤの鑑賞、切符や行き先表示板の収集など、ありとあらゆるポイントで根強いファンが存在する。

年収は半減、合理的な説明つかぬ転職

四十代初めで世の中の平均年収ほどをもらえる勤め先を退職。年収が半減する鉄道会社に転職してディーゼルカーの運転士になる。しかも運転士になるための養成訓練費七百万円は自己負担――という選択には、合理的な説明がつきそうにない。個々人がより高い賃金や良好な待遇を求めるのが経済の法則だろう。計算が合わない転職に、たいていの人が「平均の半分で暮らせる？　なんで……」と小首を傾げよう。いわば「持ち出しの仕事」であり、持ち出してまでするのは仕事というより、むしろ趣味道楽の世界に近い。つまり究極の鉄道マニアとしての運転士――。

あえて不利を承知で鉄道マンへの道に突き進んだ一人が武石和行さん（45歳）である。千葉の大多喜町の駅舎（本社）でインタビューした武石さんは額が広く眼鏡をかけ、いかにもまじめで誠実そうな雰囲気を漂わす。六七年東京都北区生まれ。サラリーマン家庭の長男で、姉が一人。子どものころ電車ごっこや鉄道模型で遊んだわけではない。だが、高校は鉄道学校として知られる東京・上野の岩倉高校運輸科に進んだ。

武石さんは中学のときから鉄道会社、中でも国鉄に入りたいと考えていた。高校では写

真部に入って全国を旅し、鉄道写真を撮っていた。鉄道好きはこのころに始まっている。が、国鉄は分割民営化への模索期で、数年間、社員を採らなかった。高校を卒業した八六年にも採用試験はなく、武石さんは「国鉄に行けないなら、ふつうの会社に就職しよう」と、大手通信会社に就職した。国鉄に入れば日本全国どこでも働ける。私鉄は地域の沿線だけだからつまらない、と当時は考えたのだ。

通信会社での最初の配属先は荒川区の支所、仕事は経理だった。高校でも簿記や経理を習っていたから違和感なく作業はこなせた。五年後、通信に使うソフトウェアの制作で社内研修があった。もともと理工系の志望だったから、ソフトづくりに面白さを感じた。プログラムを学び、以後、通信会社を退職するまでの約二十年間、ソフトウェア畑を歩むことになった。

「電話交換機用のソフトです。フリーダイヤルや伝言ダイヤルなどに対応するソフトをつくる。電話がたくさん持っている機能にそれぞれ対応するソフトを分担して、部品みたいにつくっていく。全体が分かってのことではないから、自分は歯車の一つという意識はありました」

通信会社に勤めているかぎり社会的信用はある。生活も安定している。が、武石さんはやりがいの一点でどこか満たされない思いを抱えていた。

公募社長の秘策、運転士「公募」

二〇一〇年三月のことである。ネットサーフィンをするうち、いすみ鉄道が運転士を募集していることを知った。意外なことに鉄道マニアの武石さんはいすみ鉄道が千葉のどこを走っているのか知らなかった。

いすみ鉄道はJR外房線の大原から大多喜を経て上総中野につながる。上総中野は別の小湊鉄道で内房線の五井につながり、両線を乗り継ぐことで房総半島を横断できる。もともとは旧国鉄の木原線だったが、八八年JR東日本は木原線を廃止、同線は第三セクター方式でいすみ鉄道に転換した。

が、いすみ鉄道は長いこと赤字経営だったため、千葉県などの地元自治体は「いすみ鉄道再生会議」を結成し、〇八年から二年間を収支検証期間とした。そのため〇七年から経営立て直しを図って社長を公募、〇九年二度目の社長公募で元ブリティッシュ・エアウェイズ旅客運航部長の鳥塚亮氏が社長に就任、新経営策の一環として打ち出したのが運転士公募だった。

〈いすみ鉄道で少年時代の夢を叶えませんか！　自社養成列車乗務員訓練生を募集……社会経験を積んだ皆さまが列車乗務員になるまたとないチャンスです。この機会にご自身の夢をいすみ鉄道でかなえてみませんか！（この募集は、訓練費を自己負担していただく列車乗務員訓練生で、全国初の試みです）……総訓練費約７００万円を採用時にご負担いただきます〉

武石さんはこの募集案内に「これだ」と思った。四十二歳。その歳でふつうは列車の運転士になれない。「こういうチャンスはめったにあるものじゃない」と、とりあえず説明会に出かけた。赤字会社だから説明会で説明を受けるのも有料で五千円。それ以上のお土産がつくとしてもらったのが、いすみ鉄道の車窓展望ＤＶＤだった。これも鳥塚社長のアイデアである。

第一回の説明会出席者は三十人ほど。武石さんは訓練費の自弁を納得した。

「世の中には資格を取ってから入社する会社がある。パイロットなんかと同じで自己負担に違和感はありません」

こうして武石さんは一〇年五月、それまでの通信会社を退職、いすみ鉄道に移籍した。同期四人が運転士候補に採用された。武石さんはまだ独身だが、母親は「やりたいことがあるんなら、いいんじゃない」と賛成してくれた。

二〇一一年十二月、手にしたのは「動力車操縦者運転免許（甲種内燃）」で、ディーゼルカーだけを運転できる。電車やSLを運転するためには別の免許が必要になる。

いすみ鉄道は全線非電化だから、ディーゼルかSLしか走らない。運転士には旧国鉄から応援要員が入っているが、彼らも早晩退職する。会社にすれば、応援部隊から一日も早く技術の継承を受け、ディーゼルの運転士を養成しなければならない。JRでもディーゼル免許を持つ運転士は少なくなっているのだ。こうした流れの中で運転士養成訓練があった。

「最初は先輩についてもらってハンドルを握る。ほんとに動いた。自分で動かせる。嬉しかったです。ブレーキの利きは乗客の数や晴雨で異なり、ホームの定位置に止めるのが難しい。しかし車の運転なんかとはまるで充実感が違う。運転士になってよかったと心底思ってます」

おそらくこうした感覚は鉄道マニアだけのものにちがいない。山手線の運転士が毎日運転を楽しんでいるとはちょっと想像しにくい。

「ぼくも高校を出てすぐ電車や列車の運転をしていたら、今ごろはマンネリに流れて喜びはなかったと思う。他の職場を経験して途中で入ったからこそ、今、やりがいを感じる。うちの社では運転だけでなく、ときどき駅の出札窓口も手伝う。小さな会社だから、会社が何をやろうとしているか、ぼくみたいな者でも分かる。よけいやりがいを感じるんです」

武石さんたちは一年ごとの契約社員である。幸いいすみ鉄道はムーミン列車やビール列車ウィズ・フォークソング、キハカレー、気動車車両オーナー&サポーター制度など、新商法が次々に当たり、経営状況はめざましく回復している。この分なら武石さんは生き甲斐をもって運転を続けられそうだ。

「苦労は買ってでもしろ」といわれる。同じように「生き甲斐は買ってでも持て」が武石さんの教えだろう。生き甲斐を持つことでサラリーマンがサラリーマンでなくなる――。

（二〇一三年九月号）

コーヒーチェーン社員がこだわりの喫茶店開店　関口恭一

会社を辞めた後、喫茶店でもという考えを、誰でも一度ぐらいは持ったはずだ。たいして開店のために勉強しないでよさそうだし、資金もさほど必要なさそう。こぎれいな商売で、メニューも限られている。

しかし……と、この辺りでたいていの人が考え直す。これほどチェーン店が全国展開している。個人じゃちょっと太刀打ちできないんじゃないか。

関口恭一さん（51歳）はこういう中、二〇一一年、四十六歳で会社を辞め現在は、東京・日本橋箱崎町と、日本橋の三越本店内の喫茶店を営業している。本格的な自家焙煎コーヒーである。が、関口さんはアマチュアではない。三十年近く大手コーヒーチェーンの社員だった。今、コーヒー業界はどうなっているのか。昔ながらの個人経営で採算がとれるのか。箱崎町の店に関口さんを訪ね、話を聞いた。

一九六五年群馬県太田市生まれだが、三歳のころ家族は都内葛飾区に引っ越し、東京の下町で物心ついた。両親とも教員という教育熱心な家庭だったが、関口さんは勉強もスポーツも得意でなく、目立つ子供ではなかった。

母親が隣町の小学校で教えている。中学に進むと、母親に教えられた生徒が関口さんと同じ中学に進んでいた。同級生が「お前のお袋さんに習ったけど、お前はたいしたことないな」と面と向かって言う。実にやりにくいし、面白くない。高校は絶対、同級生が進まない学校を選ぼうと思った。それで板橋にある帝京高校に進んだ。葛飾の自宅から電車で一時間かかった。

だが、入ったものの、特に何をやりたい、何を学びたいという目標はない。学校の勉強は好きになれず、手近の喫茶店で漫然とバイトをした。稼いだお金はバイクに使い、当時人気車種のヤマハRZ250やカワサキZ400FXなどを買った。が、暴走族だったわけではない。単にツーリングが好きだっただけだ。

街中や峠道を走っていたが、高校を卒業した後の春休み、山道を走っていて反対車線にはみ出し、バスに突っ込んだ。幸いバス側に被害はなかったが、関口さん自身が転倒し、右足に四十針も縫う大けがを負った。奇跡的に骨折はしなかったものの、出血が多く、もう少しで死ぬところだった。

退院してから完治するまで九カ月もかかり、自然に大学進学の思いは消し飛んでいた。

もともと進学に執着があったわけではない。ただ教育一家だから、親戚に東大出がいたり、一級建築士がいたりで、自分だけ大学にも行かない。これで落ちこぼれかとガックリ来ていた。

次の年、鶯谷にあった千代田工科芸術専門学校に入った（現在は休校）。電機系のコースに進んだが、勉強は楽しくなく、また亀有の「カフェ　コロラド」でバイトを始めた。働くことは嫌いではなく、専門学校は半年でやめて、バイトが専業のようになった。

勤めるうち、ドトールコーヒーの営業マンが店長との世間話の中で、「うちの会社が社員を募集している」と言った。店長は関口さんに「君も進路に迷ってるようだし、いっそ入社試験を受けたらどうだ」と言ってくれた。

今でこそドトールコーヒーは全都道府県に千三百店以上を展開する日本最大のチェーンだが、当時は知名度が低い小さな会社だった。関口さんは家族に胸を張って言えるような会社じゃないよなと思いながら、二週間後、面接を受けに行った。

結果は合格、ドトールコーヒーの社員になった。一九八四年、十九歳のときである。

同社はもともとコーヒー豆の焙煎加工、卸売りなどを行う商社であり、「カフェ　コロラド」を直営し、またフランチャイズ展開していた。関口さんが最初に担当したのは世田谷区、目黒区のルート営業だった。当時は社員百人ぐらい。「カフェ　コロラド」などを約二百店開店していた。

「店の人と会い、話をするのは好きだったし、楽しかった。そのころは現金か小切手の時代で、腰に現金回収バッグをぶら下げて豆などを卸し、また売り掛けを回収する。月末には回収バッグが百万円になる日もあった」

関口さんはようやく好きな物、好きな仕事にめぐり会ったといえる。営業部は二十五人ほどで、成績が一位になり、褒美でグアム島に行かせてもらったこともある。

入社三年後、会社はフランチャイズのオーナー向けにＩＲＰ経営学院をつくった。年間百店のスピードでドトールコーヒーショップの拡大路線に入ったのだ。関口さんも本部に異動し、店舗数の拡大に携わった。オーナーとの交渉やアルバイトの教育、什器の仕入れなど多面的に店舗を開くためのノウハウを学びながら、同時に店側に教えていったのだ。

そのうち会社は銀座四丁目交差点の角、日本一地価の高い場所での出店を決めた。家賃は月六百万円。自分がやってみたいと店長に立候補し、初代店長になったが、当初は月に二百五十万円の赤字を出した。お客は入っていたから、やれることといえば経費の節減ぐらいしかない。関口さんは苦心に苦心を重ね、一年三カ月で黒字化した。誇っていい成功体験だろう。

定時仕事が性に合わず

○五年、本社人事部に異動になった。前記ＩＲＰ経営学院での研修も担当した。社員やフランチャイズオーナーなどを対象に、接客から始まる喫茶店経営の実際を教え、店舗研修も行った。

が、それまで現場の第一線に立ち、夜も昼もない勤務を続けていたので、かえって定時で終わる勤務に体調を崩した。覇気が消え、鬱になる直前までいった。課長ではあったが、会社での評価が低くなったような気もした。

同時にマニュアル接客に典型的な、人を機械とするようなチェーンストアのあり方に疑問も感じた。コーヒーの淹れ方ひとつとっても、社内では最後、費用対効果の話になってしまう。お客においしくコーヒーを飲んでもらうために、こだわりを持ちたい。

痛切に感じて独立、開業しようかと考え始めた。奥さんにどうだろうと相談すると、あなたが病気になるくらいなら、冒険した方がいいかもしれないと賛成してくれた。

一一年三月に会社を退職した。退職金のうち九百万円と区の助成金千二百万円を借り、自宅から歩いて二分の箱崎町に「カフェカルモ」を開店した。店の奥に据え、ガラスで仕切った焙煎機は七百万円もした。コーヒーにかけるこだわりの象徴である。

一三年には東京観光専門学校カフェサービス学科の講師も頼まれた。三越からは「日本橋三越はじまりのカフェ」の運営を委託された。

経営はトントン拍子には行かなかった。開業三年目には貯蓄が底をつき、こんなことなら辞めるとき話があった同業他社に転職すべきだったか、とも悔やんだ。従業員がバイト四人を含め、八人もいる。時間交代制だから、どうしても人手は要る。

現在、収入はようやくサラリーマン時代と同程度にまで回復した。「組織の中でやっていくことに疲れてましたから、苦労はあっても自営はいい」と関口さんは穏やかな笑顔をみせた。

（二〇一六年七月号）

古本屋に眠る本を検索で蘇らせた元リコー社員　河野真

古書の検索システム会社「紫式部」を経営する河野真さん（60歳）は、二十一世紀は「心の世紀」になると考えている。

「私たちは、忘れてきたものを取り戻さねばならないとも思います。厳しい経済環境や世相ではありますが、日々豊かな心、静かな心、雅やかな心でお過ごしいただける一助になればと思っております」（同社の「基本理念」から）

もちろんこうは考えない人もいるだろう。ますます生活は煩雑になる一方。心のゆとりなんてとても……と思っている人も多いにちがいない。

実は河野さんにとって、本の仕事に携わることは、子供のころの恩返しなのだ。どれほど本に慰められ、支えられてきたか。今も感謝の気持ちを持ち続けている。

一九五六年鹿児島市生まれ。実父は公務員だったが、河野さんが小学校の高学年になったころ、ギャンブルに嵌《は》まった。給料を家に入れないどころか、ヤクザまがいの借金取りが取り立てに来る。家庭はみるみる荒れていった。両親の口争いは絶えず、子供心に貧乏と不和に耐えられないと思った。

母親は夫との生活を続けることに限界を感じて離婚、河野さんは母親のもとで育った。母親は生活のために五回も引っ越しし、引っ越しする度に家が小さくなった。貧乏のどん底で、河野さんは学校でもいじめられた。

このようなとき、河野さんは家にわずかに残る本や図書館の本を貪り読み、いっとき現実を忘れて夢想の世界に遊ぶことができた。物語や小説、偉人伝、科学読み物など、分野を問わず手当たり次第に読みあさった。このころの読書が自分の原点だと河野さんは自覚している。

七四年県立鶴丸高校を卒業し、同年、早大政経学部に入った。実家はそんな状態だから、最初から仕送りなど期待できない。高田馬場駅近くに寄せ場があり、そこから団地の建設現場に通った。毎日のように風呂釜を五階まで運び上げ、一戸一戸に据え付ける。塾の講師もしたし、家庭教師もした。

二年になって貯めたお金で横浜港からナホトカに渡り、鉄道でシベリアを横断した。モスクワやレニングラード（現・サンクトペテルブルグ）を訪ね、社会主義国にも売春婦や物乞いがいることを知ったのはこの旅でだった。それまでソ連を理想化して考えていたから、多少驚かされた。

一年留年して七九年に大学を卒業、リコーに入社した。ちょうどコピー機やファクスがオフィスに入ったころで、一台が三百万円もした。システム販売本部に配属され、大阪支店でサラリーマン生活を始めた。三年目、それまでの成績が物を言い、新設のSI事業部に抜てきされた。全国から十人が選ばれ、そのうちの一人が河野さんだった。誇りも感じたし、仕事へのモチベーションも上がった。KDDIや伊藤忠に新規のシステム商品などを売り、社長賞をもらったこともある。

八二年、二十六歳で社内結婚した。会社はパソコン「Mr.マイツール」やワープロ専用機「マイリポート」などでヒットを飛ばし、順調に業績を上げていた。給与も良く、河野さんは平穏な家庭生活を続けられた。

だが、九二年、会社は赤字を出した。当時はシステム開発事業部に転属していたが、九三年、関連会社のライオス・システムに出向となった。リコーとIBMが共同出資する、画像処理などパソコンソフトの会社である。当時から社内連絡などは電子メールを使い、河野さんを驚かせた。

勤務のかたわら、ボランティア団体「横浜いのちの電話」の相談を受けていた。同会はポルトガル語やスペイン語でメンタルヘルス相談を受けていたが、「病院はどこですか」という日常会話からお世話しなければならない。ファクスを使って、これを簡便化する方法などを提供した。

そのうちブラジルへの移住から帰国した人が「古書店をやりたいのだが」と相談に来た。河野さんは仕事柄、ＩＴに習熟している。まずパソコン通信で顧客と連絡を取る方法などを教え、そのうちインターネットの普及に合わせて、ホームページの作り方なども教えた。九五年には店の持つ在庫本リストをデジタル化し、顧客の検索に応えるシステム「スーパー源氏」を開発し、有限会社紫式部の創立に参加した。それまで古書探しは一軒一軒古書店を訪ね、書棚を覗き込むしか、方法がなかった。書名を検索に掛けることができれば、家にいながら本を探し出し、注文し、店が発送した本を受け取ることができる。多くの古書店に加盟してもらえば、横断的に古書店回りができるのと同じことになる。

これほど便利な方法はないと思ったのだが、当初はまったく顧客から反応がなかった。顧客のメールが届き始めたのは九八年からである。同じころ河野さんは関連会社を引き上げ、東京支店の課長になった。

家では深夜二時、三時まで古書の仕事をした。これが世界につながっていると思うと嬉しく、ベッドに入る気がしなかった。だが、二足のわらじを履くのは心身ともにきつかった。体調が悪化し、出張先で不意に意識が飛んで、このままでは死ぬと感じた。会社の誰にも相談できず、一年近く悶々とした。家は買って五〜六年に過ぎない。溜め息が出るほどのローン残高だった。子供は高一と中一。ますますお金が掛かる世代だった。だが、せっかく始めた紫式部は断念できない。わずか一回の人生なんだから、ほんとに自分がやりたいことをやってから死にたい。

離婚の危機にまで発展

考えに考えた揚げ句、会社を辞めて古書の方に専念したいと、奥さんに打ち明けた。当然、夫人は大反対し、どうしてもやりたいというなら離婚するとまで言い出した。それをなだめ、なだめて、二〇〇〇年九月、リコーを辞めた。四十四歳だった。第二の仕事にカネをかけられる状態ではない。自宅の庭に物置を建て、そこを作業場にした。〇二年十月に代表取締役に就き、〇六年には株式会社に改組した。

システムづくりは一人で完結する仕事ではない。加盟店を増やし、ネット古書店を始めたいという人には起業支援しなければならない。多くの人に会い、話を交わしたが、これが救いとなり、楽しみともなった。

リアルの古書店はここ十年で二割以上が店を閉じたが、ネット古書店はこの六〜七年で五十倍近く増えている。本の目録作りや発送業務など大変な作業だが、誰もが小規模に手軽に始められる仕事だからだ。

スーパー源氏の加盟店は北海道から鹿児島まで三百店に増え、従業員はバイトを含め七人を雇用するまでになった。現在、河野さんは伝統工芸・美術品専門サイトの「桐壺」、ブックカフェ事業を支援する「日本ブックカフェ協会」も別に立ち上げている。昨年四月にはリアルの書店のように本を書棚に並べ、棚から取り出せるパノラマ方式を開発し、特許も取っている。

収入は会社員時代の六割程度だが、会社を辞めて後悔したことはまるでない。手応えがあり、今は楽しいと河野さんはにやっとした。


（二〇一六年五月号）

二十三歳で会社飛び出した女性ペットシッター　津山知寿子

ペットに慰めや生きがいを見いだす人が多い。愛するペットのためなら、お金も時間も手間も惜しまない。愛好者はペット関連業の強力な需要層であり、ペットがらみの仕事は鉄板といっていい。

津山知寿子さん（44歳）は今から二十年前、わずか二十三歳のときペットに着目し、一人でペットシッター業をオープンした。なぜ選んだかだが、子供のころから猫や犬が好きだったからだ。接していると、しぜんに気持ちが癒され、優しくなれる。住んでいたアパートはペット飼育禁止だったが、近所にコッソリ餌を置いたり、友だちの犬をかわりに散歩に連れていったり、とにかく猫や犬が好きだった。大田区池上で生まれ育った。以来、今に至るまでほとんど池上を離れたことがない。会社も創業からずっと池上だったし、今の家も会社の三階に構えている。

一九七二年生まれ。三つ年上に兄がいるが、物心がついたころ両親が離婚、母親に育てられた。津山さんが小学校の低学年になって、母親は左官職人と再婚した。自宅近くの公立小・中学校に通い、中学ではバスケット部に熱を入れた。勉強するより身体を動かしている方が好きだし、得意だった。

高校は代官山の第一商業高校に入った。母親が子供の教育に無関心だったから、週三〜四回、喫茶店でバイトをしては自分で学資を稼いだ。学校ではソロバンや簿記、経理を習ったが、好きな教科ではなく、好きなのは英語だった。卒業後、昼は小さな印刷会社で電話受付のバイトをし、夜は川崎の外語ビジネス専門学校に一年ほど通った。

そこを終えた後、自宅近くの通販会社に就職した。「運が開ける」と銘打つペンダントや運動器具などを扱う会社だった。給料は約十七万円で悪くなかったが、一年後、新入社員が入ってきた。彼女と雑談する中で、初任給がほとんど自分と変わらないことにショックを受けた。

「そうか、自分がやってることは誰にでもできるんだ」と思い至り、とたんに働く意欲を失った。やりがいある仕事がしたい。やりがいさえ持てるなら、多少収入など低くてもいい。

通販会社を辞めた。だが、その後、何をやったらいいか分からない。六本木のラーメン屋で一年間バイトをしながら、何をやったらいいか、あれこれ考えた。

たまたま雑誌を見ていて、ペットシッターの記事を目にした。読むうち、子供のころを思い出した。かわいい動物の相手が仕事になるなら、いつまでも飽きることなく続けられる。資本も資格もほとんど必要としないのではないか——。

九六年、自宅でペットシッターをやるべく「キャットワン」を開いた。近所にチラシを配り、電話帳のタウンページに広告も載せた。新しく電話も用意したが、最初はまるでお客から声がかからない。まだインターネットも携帯電話も普及しておらず、ペットシッターについて知る人も少なかった。

同じころ近所で死にかけの子猫を見つけた。なんとかしなければと思って、近くで開院したばかりの動物病院に連れて行った。獣医師は「注射を打つ」といい、津山さんが子猫を押さえた（これを「保定」という）。津山さんは世間話みたいに何気なく打ち明けた。

「経験はないんですけど、ペットシッターを始めようと思って」

獣医師は「そういうことなら、うちに手伝いに来るか。勉強になるはずだよ」と誘ってくれた。津山さんは誘いに乗って、一年間、動物病院で手伝い仕事をした。病室の掃除、施療時の保定、シャンプー、ケージやトイレの掃除、トイレ砂の補給、餌やり、ペットの爪切り、ブラッシング、歯磨きなど、こまごました仕事をこなした。

これがシッターとしてのよき修業になった。並行して愛玩動物飼養管理士の資格を取る勉強もした。通信教育制で、日本愛玩動物協会から送られてくる教材を自習し、スクーリングに出、受験する。津山さんは二級も一級も合格した。

アルバイトは雇わず従業員は全て女性正社員

九六年十月、知り合いに頼み、キャットワンのホームページを制作、アップした。知り合いは津山さんの兄と中学の同級生で、左官屋をしていた。ネットにも造詣が深く、まだ珍しかったホームページの制作を、勉強しいしい引き受けてくれた。七年後、津山さんは彼と結婚する。結婚後、池上の現在地に三十坪ほどの中古物件を買って改装。住居兼用の事務所とした。大型犬用の浴槽は夫と夫の友人の左官職人が化粧漆喰で仕上げたものだ。床や壁まで自然素材を多用した漆喰づくりの社屋はなるほどペットにとっても落ち着ける空間となっただろう。

ホームページを作って二〜三年後、仕事は俄然忙しくなった。休むヒマがないほど次々と仕事が舞い込む。飼い主が旅行などに出て不在の時には、部屋の鍵を預かってペットの面倒を見なければならない。そこで眼目になるのが身元であり、信用である。アルバイトでは安心できない。従業員は全て社員の身分でなければならないし、仕事の性格上、女性である方が望ましい。

津山さんはお客のニーズを敏感に察知して、徐々に仕事の形を調えていった。お客さんへの訪問はほとんどスクーター（そのため出張費なし、夜間早朝の割増料金なし）、訪問社員がそのお客さんを担当する。お客さんとの打ち合わせは細かにメモを取り、仕事が終わった後には報告書も提出する。

一時期は社員七人を雇い、大田区を中心に品川区や目黒区、世田谷区の一部までカバーしていたが、いくら近隣とはいっても、移動時間を気にするようでは事故につながりかねない。そのため今は津山さん本人を含めてシッターを三人に縮減、大田区だけをエリアにしている。元従業員からは二人が独立、居住地で開業もしている。

津山さんの会社ではペットシッターの他、犬の散歩代行やペットホテル、また別部門として「犬洗洞」を立ち上げ、犬のトリミングやシャンプーも手掛けている。

考えてみれば、津山さんはズブの素人からペットシッター業を始めて、今の業容にたどり着いた。いたずらに営業エリアの拡大を求めず、少人数で間違いのない仕事をして、お客から深く信用される。その上で地域に小さいながらもしっかり根づければ、という経営方針にちがいない。

津山さん自身が今もスクーターに乗って一日平均四～五件のシッター業をこなしている。一日で最高十八件を回ったこともあるそうだが、さすがに今はそのような多忙を自らに禁じている。知恵ある人にちがいないし、自ら身体を動かすことでお客がどのようなサービスを求めているか、的確につかんで会社をここまでに持ってきた。津山さんを見ていると、謙虚さと判断の的確さがそのまま経営指針になったような強さを感じる。

（二〇一七年三月号）

製鉄所から食品工場を経て庭造りの道へ　佐々木格

岩手県大槌町の海を見晴らす高台に「風の電話」がある。受話器を耳に当てると、一キロほど先、浪板海岸に寄せる波の音も、海水浴場のざわめきも聞こえてくるにちがいない。

三月十一日午後二時四十六分、庭で仕事をしていた佐々木格さん（66歳）は激しい揺れに慌てて家に駆け込んだ。マントルピースの石膏像や飾り棚のグラスが落ち、無惨に割れていた。二階にいた夫人が下に降りてきて、たいした被害はないと言った。

平地に住む人たちが続々高台に上がってきた。ほどなく最初の津波が到来した。波が退いたとき、吉里吉里海水浴場の海底が露わになるのが見えた。第二波が大きかった。海沿いに建つホテルの三階まで波が浸入し、路上の消防車がさらわれた。佐々木さんは庭に出てデジカメを構えていた。

ガーデナーとはいっても、もともと趣味で始めたこと。佐々木さんの庭を見て「うちの庭もやってよ」という知り合いの庭だけを手掛ける。今までやったのは大槌で四、五軒、釜石で三軒ぐらいでしかない。

すべて自力でつくった千二百坪の庭

一九九九年、五十四歳のとき仕事を辞め、この高台に土地四百五十坪を買って家を建てた。その後、売り主が買い足さないかと言って来たので、今は千二百坪に広がった。津波を恐れて高台を買ったのではない。船越湾に開いて、朝日を浴びるこの土地が気に入っただけである。

東に傾斜する敷地に自力で石垣を積み、植栽を配してゆっくり庭に仕上げていった。庭の中にはつがいのカモが居着く池や小川もあるし、「風の電話」がある。

電話ボックスは白い格子が組まれたガラス張りで、屋根は緑のコロニアル葺き。中に、電話線がつながっていない黒い電話が置かれている。

「風の電話は心で話します　静かに目を閉じ　耳を澄ましてください　風の音が又は浪の音が　或いは小鳥のさえずりが聞こえたなら　あなたの想いを伝えて下さい　想いはきっとその人に届くでしょう」

詩のような電話使用法マニュアルである。ノートも置かれ、被災者らしき人は次のように記している。

「風の電話からかけています。今どこで何をしてますか？　貴方からの連絡がなくなってから早二カ月が過ぎました」

電話ボックスの横にベンチがあり、物思いにふけることができる。風の電話は親しい誰かを失った人を慰謝する心のインフラかもしれない。下を走る山田線はまだ不通のままだが、今でも車なら利用可能だ。

佐々木さんは庭造りに入って間もなく「風の電話」を思いついた。庭のどこかにアクセントとして、白い電話ボックスを置けたら……。最初から実用ではない。大船渡で電話ボックスを手に入れ、庭に運び込んだ。去年十一月基礎を打って据え付け、屋根をつけた。地震があった一～二週間後、周りに植木を移植し、雰囲気を調えた。

いわば無用の用とでもいうべき風の電話を発想した佐々木さんはどのようなサラリーマン生活を送ってきたのか。意外なことに佐々木さんは現場の叩き上げである。

四五年釜石市の生まれ。中学を卒業し、まだ富士製鉄だったころの釜石製鉄所に入った（七〇年新日鉄発足）。会社の教習所で二年学んだが、高卒資格はさらに夜間高校に二年通って手にした。製鉄所では作業服に前かけ、その上に防熱合羽を着て、平炉に鉱石を放り込む仕事だった。炉前は暑く、汗が噴き出す。塩をなめ、水を飲み、一日八時間くたくたになるまで働いた。

炉は二十四時間燃え続ける。そのため作業は朝八時～夕四時、夕四時～夜十二時、夜十二時～翌朝八時の三交代だった。同じ時間帯を一週間続け、次の週になると時間帯をずらす。特に夜中から朝の作業が辛く、飯も水を掛けて胃の腑に流し込むような日が続いた。苦汗《くかん》労働ではあったが、製鉄所の給料は高かった。特に三交代勤務は平常勤務に比べ月十万円も多く支給された。釜石は製鉄所の城下町といってよく、製鉄所勤めは幅が利いた。加えて佐々木さんには絵心があり、エコール・ド・パリの画家の一人、シャイム・スーティンの絵に惹かれた。自分でも油彩をやり、会社の美術部である「真道会」に所属した。九歳年下の奥さんとも間接的ながら絵が縁で知り合い、三十歳で結婚し、男の子ばかり三人に恵まれた。

絵心が関係するのか、庭仕事が好きで得意だった。自宅の二十五坪ほどの庭を手入れし終わってもまだ物足りず、隣近所の庭を手入れして回った。製鉄所でも五十～六十坪の庭ながら、特命で佐々木さんを庭造り班長に指名した。庭の設計から植栽や石組みの配置、施工まで、いっさいを任せてくれた。

製鉄現場から食品の工場長に

不思議な人である。スタートは製鉄の現場で、二十二年間も三交代勤務を続けた。だが、汗染みた現場の雰囲気はみじんもなく、どこか垢抜けている。夫人は、若いころの佐々木さんは「素敵でしたよ。ジェームズ・ディーンみたいで」と言ったものだが、背が高くて足が長く、今でもその当時の姿を彷彿とさせる。

三交代勤務は長く続けるものじゃない、五十五歳になればよれよれになり、間もなく亡くなると、佐々木さん自身が考えていた。父親も製鉄所勤めだったが、四十八歳で亡くなった。

ある日、会社が出向を命じた。

「大槌に食品加工工場をつくる。あんたがその準備をしてくれんか」

鉄から食品への業種替えも唐突だが、鉄づくりの現場から、パートを含め百四十人もの工場の、工場長にいきなり抜擢というのも唐突である。だが、佐々木さんは九〇年、現実にこれを体験し、見事に黒字会社に育て上げた。

「スモークサーモンやフレークがメインの会社で、私自身が埼玉のマルエツや立川の魚力に行って、魚の捌き方や見分け方、品質管理などを勉強して、素人集団ながら、なんとかやっていけるまで社員を仕込みました。魚力では泊まり込みで朝四時起き。一ヵ月後、工場長と同じ速さで包丁を扱い、魚を加工できるようになりました」

根が器用で健康なのだろう。

この仕事で佐々木さんはアラスカのキーナイ半島などにサケの買付で出かけている。商社が介在しているのだが、学生アルバイトがサケのうっ血や色変わりに注意してくれるようアドバイスする。一仕事終えて夕方四時、五時になっても白夜だから外は明るい。ゴルフをやってもまだ明るく、その後映画を観る。ようやく午前一時四十分、空は暗くなり、眠りにつくといった生活だった。

食品工場には釜石から三十～四十分かけて車で通勤したが、九六年五十一歳で辞めた。と、新潟の雪国まいたけがやはり大槌に工場をつくりたい、手伝ってくれ、と言ってきた。佐々木さんはこれを受け、九九年まで手伝い、五十四歳でいっさい仕事から手を引いた。夫人が釜石で公務員をしていたから、奥さんのヒモになったと自称している。

今、佐々木さんは庭の一隅に御影石を積み上げ、中世ヨーロッパを模したコテージを手づくりしている。また道路側には「エバーグリーン」と名づけた離れを建て、そこでお茶を供し、年金を割いて、被災地支援に回している。東日本大震災で被害を受けなかった佐々木さんのせめてもの志だが、それにしても佐々木さんの時代の日本社会は健全だったと痛感する。

叩き上げて今千二百坪の庭を所有し、それを被災者の心の支えに開いている。佐々木さんという人間が成した業だが、それを可能にした企業社会も力強く健康だった。復興とともに、「風の電話」を訪ねる客が増えていくにちがいない。

（二〇一一年七月号）

がんを乗り越えた世界一のバックギャモン選手　矢澤亜希子

矢澤亜希子さん（34歳）はバックギャモンのプロ選手だ。二〇一四年の世界チャンピオンであり、年間獲得賞金が約一千万円。ゴルフなどと比べプロ選手としては少ない方だろうが、とはいえ賞金稼ぎが仕事とはカッコいい。

会ってみると、慎ましやかだが、考えがしっかりした女性と分かる。大変な病気も乗り越え、ゲーム会社のショールームで働いた勤務経験もある。

バックギャモンとはどういうゲームか。簡単にいえば西洋すごろくだが、子供でも退屈に感じる日本のすごろくとは違い、相手の進行を邪魔したり、自分がこうやると相手がこう出ると、最低でも次の次ぐらいまでは手を読まなければならない戦略ゲームらしい。

確率と組み合わせの問題だからコンピュータがもっとも得意とする分野で、いくつも解析ソフトが出ている。インドから西のアラブ、トルコ、ヨーロッパ、北アフリカ、アメリカなどで盛んで、世界の競技人口は三億人を超える。知らないのは日本人など東アジア人だけかもしれない。

ひとつのものに凝ると、とことんやり倒す

バックギャモンでは当然サイコロを使う。碁や将棋と違い、実力だけでなく偶然性が入るゲームだが、人生にだって偶然は何度も紛れ込む。人生に似たゲームなのかもしれない。そういえば矢澤さんとバックギャモンとの出会いもバックギャモン的だ。

まず矢澤さんは中学一年のときから自分だけでルールを決めていた。毎年、それまでに体験したことのない経験を最低十個はするというルールである。達成できそうにないと、たとえば未体験のエチオピア料理を都内で食べて、一経験とするなど、なんやかや抜け道はある。今まで達成できなかった年はないという。

彼女はひとつのものに凝ると、とことんやり倒すタイプである。小学校低学年のときには水泳の個人メドレーで関東大会一位になった。大学時代はダイビングに凝り、世界の七つの海全部に潜ろうと計画した。エジプト・シナイ半島の南部、紅海に面してシャルム・エル・シェイクというリゾート地があり、ここはダイバーの聖地らしい。もちろん中世には紅海も七つの海のひとつだった。矢澤さんとしては挑戦に値する海なのだ。

矢澤さんはここに滞在し、ダイビングを楽しんだが、偶然、街中の飲食店にはほとんど

バックギャモンのボードが置いてあるのに気づいた。男たちがそれを囲んで勝負している。聞けば、国民のほとんど全員がバックギャモンについて心得があるという。

面白そうだなと思ったが、エジプトでは始めなかった。日本に帰ってからマニュアル本でやり方やルールを覚え、インターネットで対戦した。日本では圧倒的にやる人が少ないから、どうしても外国人相手になる。やってみて、自分でも案外いけるじゃないかと思ったのだが、そうなると生身の対戦相手がほしくなる。で、ネットで調べてみると、東京・新宿に世界のボードゲームなら何でもという会所を見つけた。今はなくなってしまった店だが、ここではボードゲームを百種ほども揃え、店員もまた全てのゲームに通暁しているという貴重な店だった。

一人では心細いので友人と一緒に行ったのだが、店は碁会所のようなもので数人の客が遊んでいた。矢澤さんがおそるおそる「バックギャモンに興味がありますす」と受付で申告すると、望月正行という二十代半ばの青年が居合わせ、「じゃ、実際にやってみますか」と誘ってくれた。プレイしながら彼がぽつりぽつり語るところによると、バックギャモンをするために大学を中退した自称プロだという。望月プロは〇九年に世界チャンピオンになり、現在は世界ランキング一位にもなる人物だが、どういうわけか、第一戦は矢澤さんが望月プロに勝ってしまった。

驚いたのは望月プロも一緒である。「君はすごい才能がある。ぼくは東大のバックギャモン研究会で教えている。どうだ、君もそこに来ないか」

ここでも矢澤さんはサイコロを振って、ぞろ目の大当たりを出したわけだ。

だいたい麻布高校─東大将棋部という隠れたルートがある。受験勉強せずに余裕で東大に入るような秀才が将棋をやる。それでも余裕がありあまり、ついにはバックギャモンに手を出すというのが研究会の流れらしい。会員は天下の秀才揃いである。

先輩、同僚にはチャンピオンが何人かいる。東大医学部卒で一一年に世界チャンピオンになった鈴木琢光、一二年ポーカーで世界チャンピオンになった木原直哉、日本将棋連盟六段の片上大輔など。バックギャモンは偶然性が加わるためか、世界チャンピオンとしての連勝は難しい。

ひきくらべ矢澤さんはエリートではない。父親は銀行員で転勤ばかり。子供たちは引っ越し続きでひとつの学校に居つけない。秋田の祖父母が「こんなことでは情緒が安定しない子になる」と見かねて、中学から引き取り、旧鷹巣町（現・北秋田市）で育ててくれた。だから高校卒業までは秋田で、大学入学で東京に舞い戻った。しかし明治学院大学法学部は東大に比べれば、いささか見劣りがする。彼女は中学、高校を通して成績はオール五で、とりわけ理数系に強かったらしい。

日本にプロリーグを作りたい

バックギャモン研究会は週一回のサークルだったが、会員たちは毎日集まり、研鑽を重ねた。選手権は男女別ではなく、ごちゃ混ぜである。将棋や碁のように女流はなく、世界チャンピオンは男女通しての総合チャンピオンである。が、とはいえ研究会に女性は珍しく、矢澤さんはさぞかしマドンナ的に大事にされたと思う。

研究会に通い半年後、ラスベガス大会で初級の部に出場、準優勝だった。これが口惜しくて本格的に勉強を始め、また半年後には日本タイトルを獲得した。試合に出るとなると海外だから、最初のうちは飛行機代、宿泊費、大会参加費は自弁である。お金を稼がねばならず、大学四年の二月から任天堂の契約社員として六年間ショールームで働いた。土日も勤務があったが、ひと月に二十日間働けば自由に休めた。

しかしハードな生活がたたったか、体を壊し、いったん競技から離れた。たまたま研究会仲間の鈴木琢光が一一年世界チャンピオンになり、「鈴木さんは医師の激務のかたわら偉業を達成した。自分も体調を理由に怠けてはいられない」と発奮、競技に戻った。が、振ったサイコロは最悪の目を出した。一二年子宮体がんと判明し、抗がん剤治療に入った。副作用が激しかったが、競技は休まず、薬剤治療を一三年九月に終えた。一時は死も覚悟したが、死を前にして、自分が何をやりたいか分かった気がしたという。

一三年モンテカルロでの世界選手権に出場、高額賞金種目で優勝し、一四年には同大会のメイン種目で優勝、賞金六百五十万円をゲットした。今は競技大会に挑戦し続ける一方、バックギャモンを日本に普及すべく後進の指導に当たる。日本でプロリーグを作れたらと夢見る一方、自分にはバックギャモンが生きる支えになってくれた、人には何か打ち込んで病気さえ忘れるものが必要だと痛感したと述懐する。

（二〇一五年十一月号）

第五章　人の役に立ちたい

元銀行員が障がい者を救うチョコ工房設立　伊藤紀幸

自分たち夫婦が死んだ後、わが子に生きていってほしいと願うのは当然の親心だろう。まして子どもが障がいを持っているなら、なおさら強く願わずにはいられないはずだ。伊藤紀幸さん（48歳）はそこから一歩踏み出した。それまでの勤めを辞めた上、わが子ばかりか、多くの障がいを持つ人たちに働く場を用意し、自分の稼ぎで食べていける給料をと考え、一般社団法人ＡＯＨを立ち上げた。そこを運営主体に去年十一月、チョコレート工房「ショコラボ」（横浜市都筑区）を設立、現在十八人の障がい者とチョコレートを製造している。

わが子が伊藤さんの目を私生活から社会活動へと転じさせ、広げさせたといえる。文字通り「負うた子に教えられ」たのだ。

伊藤さんは一九六五年、東京・新宿の生まれ。板橋で育ち、小学校でリトルリーグに入って以来一貫して野球に親しみ、慶応義塾大学に入っても就活まぎわまで続けた。

体重一五〇〇グラム、仮死状態で生まれた長男

八七年大学を卒業し、三井信託銀行に入った。関西に転勤になり、二十五歳になったばかりで結婚、東京に転勤して三十歳になったとき、男の子が生まれた。体重一五〇〇グラム、仮死状態だった。ほどなく知的障がいを持つことが分かった。

伊藤さんは銀行で仕事ぶりを評価されていると自覚していたし、出世競争も面白く感じていた。

三十三歳のころは融資を担当して土日もなく、帰宅が遅いため子どもの寝顔を見るヒマもなかった。ある日、家にいるとき、子どもが何か話し掛けてきた。何を言っているのか、まるで理解できず、かといって聞き返すのもためらわれて適当なことを言った。が、まるで見当外れだったらしく、子どもの目が寂しそうになった。それぐらいは分かった。奥さんは百％、子どもの言うことが理解できる。

伊藤さんは虚を突かれた思いがした。――俺は何をしてるんだ。まるで本末転倒なことをしている――。

当時、藤沢に住んでいた。周りの環境が気に入っていた。子どももいくぶんか育てやすい。伊藤さんは相変わらず仕事に邁進し、社用で連日連夜、午前様だった。奥さんは子育

てに悩んでいたが、伊藤さんは気づかず、夫婦仲がギクシャクし出していた。

奥さんは子どもの公園デビューに悩んでいた。よそのお母さんから「ぼく、いくつ」と聞かれたら、自分が答えるしかない。そのとき子どもの実年齢を素直に答えられない自分が分かっていた。

伊藤さんは奥さんの人知れぬ葛藤や悩みを分かっていなかった。「何を悩んでいるんだ」と聞くと、奥さんは「私たちが死んだ後、この子はどうやって生きていくのか考え出すと、夜も眠れなくなる」と言った。これも衝撃だった。自分はせいぜい数年先のことしか考えていない。が、妻は自分たちの死後のことまで考えている。

銀行で転勤希望を出さないことは出世競争を諦めることを意味した。しかし、伊藤さんはもうこれ以上、転勤しないと決めた。勤め先には子どものことを話していなかった。話せなかったのだ。が、事実を話して、なぜ自分が転勤を希望できないか、分かってもらわなければならない。

上司は即、分かってくれた。それは大変だ、本店なら今の住まいから十分通勤できるといって、東京の本店に栄転させてくれた。伊藤さんはこの措置に「人生意気に感じた」。本店の営業は花形である。ここで頑張らなければどこで頑張るとばかりに燃えた。担当は融資だった。九九年不動産の証券化も始まった。

しかし銀行の仕事をやっているかぎり、社業と家庭のバランスを取るのは難しい。いい職場で未練はあったが、思い切ってＪＣＲ（日本格付研究所）に転職した。アカデミックな雰囲気があり、ほぼ二十時には帰宅できた。そういう生活が二年間続き、子どもの言葉が完璧に聞き取れるようになった。

二〇〇一年春、子どもが横浜国大附属特別支援学校（養護学校）に入学できることになった。ようやく肩の荷をおろせる気がした。保護者参観日、喜んで出席すると、校長があらかじめ釘を刺すように言った。

「お子さんが高校を出ても就職はできません。たとえ仕事に就けても月給三千円くらい。非常に厳しいのです」

伊藤さんはえーっと思った。自分が残業すると、時給が三千円くらいつく。子どもの月給分をわずか一時間で稼ぐ。世の中、どうなっているんだと感じた。おまけに親は子どもを使ってくれる施設に毎月一万五千円を寄付しなければならないという。これでは親が死んだら子どもは生きていけない。

〇一年ムーディーズのアナリストに転じた。自分が働けるうちにできるだけ子どもに財産を残してやろうと思い、自分で売り込んだ転職だった。毎晩二〜三時の帰宅と激務だったが、アナリストとして自らの専門性を高めたいという希望も十分満たされた。

○二年、満員の通勤電車の中、日経新聞でヤマト運輸・小倉昌男元会長の「私の履歴書」を読んだ。小倉氏は九五年に会長を退任後、個人資産のほぼ全額を寄付してヤマト福祉財団を始め、理事長として障がい者が自立して働く事業所づくりに取り組んだと知った。障がい者が適正な収入を得られるよう「スワンベーカリー」を各地に展開、『福祉を変える経営　障害者の月給一万円からの脱出』という本まで出している。

これにも衝撃を受けた。自分は今まで自分と子どもの利ばかり考えていた。たった一度の人生、障がい者の子どもを持った以上、広く障がい者を雇用できる会社をつくるのが自分の務めではないのか。

もんじゃにカレー、悩みぬいた業態

○二年九月、勇気を振るってムーディーズを辞めた。が、家計をゆるがせにはできない。十月、横浜に個人事務所を開き、十一月、株式会社不動産投資研究所を横浜市中区で設立した。会社を軌道に乗せるまでには時間がかかる。障がい者を雇用するとして、どういう仕事がいいのか、手探り状態が続いた。

〇八年、もんじゃ焼きを思いついた。バックヤードが要るから、そこにも雇用が生まれる。奥さんを専門店に修業に出し、技術やコツを覚えてもらった。しかし、現実は厳しかった。リーマンショック後、客足が遠のいた。

二年前、カレー屋を思いついた。カレー屋ならメニューが少なくてすむ。障がい者でもこなせるのではないか。知人がプロを紹介してくれた。この人は十八歳で商売を始め、三十年間に十三業種を手掛けた。うち三つを上場させた経営のプロである。プロはじっと伊藤さんの話を聞き、「ほんとは何でもいいんでしょう」と心の内を見透かした。「第三次産業は何をやっても店舗の内装などにお金がかかります。第二次産業、つまり物をつくった方がいい」とアドバイスしてくれた。

言われてみればその通りと思った。問題は何をつくるかだった。たまたま奥さんと自由が丘に買い物に行ったとき、奥さんが「チョコレートはどう」と思いついた。夫婦してチョコレートは好きである。幸い有名ショコラティエを紹介してくれる人がいた。会うと、協力を約束してくれた。

こうして去年十一月、ショコラボを開業、障がい者十二人からスタートした。伊藤さんはツテを頼って百貨店やホテルの販路を開拓し、ネットで通販も始めた。幸い商品は「美味しい」と非常に評判がいい。時間をかけた丁寧な仕事がドライフルーツとのコラボにきいているのだ。今のところ年商約四千万円。障がい者には平均一万九千八百円の工賃（月給）を払っている。

「雇用を増やし、五年後には全国に展開したい。利益に関係なく、早く五万円、十万円と払いたいものです」

と、伊藤さんは言う。ちなみにわが子は「かわいい子には旅」で別の事業所で働いているという。

（二〇一三年十一月号）

富士通の部長が高齢者専門の美容師に　藤田巖

「五十歳になり、定年まで後八年。よーし、定年後、何をやるか準備しようと、会社の近くだったもので、よく東京商工会議所の図書館に行きました。あそこにはたいていの業界紙や雑誌が揃っている。会社の仕事はコンピュータでしたが、ソフトとか、関係する業種は考えなかった。人生は二毛作。やるならこれまでとまったく違う仕事を、と思ってました。

そういう中で人物欄にも目を通しましたが、『マラソン完走百回目』とか、自己満足じみたものが多く、どうせやるなら人の役に立つことをしたい、と。たまたま、施設で寝たきりになっていた八十何歳の婦人が美容師にカットしてもらったら、その日のうちに歩いておしゃべりするようになったという記事を読んだ。医者にもできないことを、すごいなと思いました。ちょうど自分の母親も歩けなくなっていましたから、自分がカットできたら母親も喜ぶだろうと三カ月間ずーっと考えていました」

藤田巖さん（71歳）は福祉美容師に着眼したいきさつをこう振り返る。当初から美容師単体でなく、それと介護を結びつけていた。今では横浜市栄区で福祉美容室「カットクリエイト21」、世田谷区用賀で「出前美容室若蛙」を経営し、四十三人の美容師を抱えるほど業容を拡大している。

「私は不器用なんですよ。当時からマラソンが趣味でしたが、マラソンを始めたのも月に二〇〇キロ走り込めばフルマラソンを完走できると知り、それなら毎朝出勤前に八キロ走れば月二〇〇キロはいけると練習を始めた。そしたら一年後、ほんとに河口湖マラソンを完走できたんです。美容師もこの手でコツコツ行けばやれるかもしれない、ダメ元だと、三カ月後、通信教育で勉強し始めたんです」

同級生からパパと呼ばれた

自宅は横浜・日吉で、会社は丸の内。日本美容専門学校は高田馬場にあり、通信教育を申し込むと「無理です」と即、断られた。「年齢とか男だからじゃない。春と夏にスクーリングがあり、実技をする。サラリーマンをやりながらじゃ無理でしょう」と。藤田さんはとにかく学科だけでも受けさせてくれと係員を拝み倒した。

勤める富士通では営業推進部部長で役職者だったから、会社には知られたくない。接待ゴルフや会食を断り、「急に付き合いが悪くなった」といぶかられながら、とにかく勉強を続けた。スクーリングにはリフレッシュ休暇や年休をやりくりしてなんとか出席した。

「八十人くらい参加していましたが、八割は十八～二十歳の女の子です。私は先生より年上で、同級生からは冷やかし半分『パパ』と呼ばれました。二年で学科は終わり、卒業式がありましたが、同級生は嬉々として、どこそこでインターンをやるなんて話をしている。自分ももっともっとやってみたいなと思いました。

学校の世話で卒業生が経営する新宿の店に土日だけ通いました。二年後インターンを終えました。が、その後、実技試験という難関がある。二十分間で人形の髪の毛を相手に、大小のロット六十本を巻かなければならない。五十本弱しか巻けず、ようやく三回目で合格できたときには『やったー』と、嬉しくて大粒の涙が出ました。五十六歳でした」

一流企業の部長が五十歳で美容師修業を始め、美容師になる。「変わった人」といえばその通りだが、誰もができることではない。その努力にも、「人助け」という目的にも頭が下がる。

藤田さんは一九四一年東京・板橋生まれ。家は五〇年尾山台に移転し、両親が食料品店を始めた。長男として学校から帰宅後、近所にご用聞きしたり配達したり、藤田さんは戦後の混乱時の苦労をしている。広尾高校に進み、やや左がかった社研（社会科学研究会）を組織したりしたが、日大法学部に進んだ後は父親が病気で倒れてアルバイトに追われ、学生運動にかかわるゆとりや時間もなかった。

六四年富士通に入社、電算機の営業部門に配属され、以後、定年まで一貫してコンピュータに携わった。三十歳で結婚、男女二人の子を儲けたが、もちろん今は二人とも独立している（娘さんは最近子育てが終わり、週三日仕事を手伝ってくれている）。三十一歳でブラジルに派遣され、六年間駐在員を続けた。その後東京本社に戻り、九九年、五十八歳で富士通を定年退職した。定年間際にはホームヘルパー二級の資格も取り、福祉美容室づくりの態勢を調えた。

奥さんは藤田さんの美容師計画に「やるんだったら、生活の心配だけはさせないでね」と特に反対することもなかった。退職金は夫人、子供たち、藤田さんが三等分し、三分の一の資金で新事業を始める運びだった。

役得も不倫も知らずもう定年

定年に際して「ありがとうございました」という挨拶文を配っている。

〈〝役得も　不倫も知らず　もう定年〟（略）これから、私は「人に係わり、感動と喜びに繋がる仕事を通して社会に貢献しよう」と決心しました。座右の銘は、「私の後悔することは、しなかったことに対してであり、出来なかったことではない」（イングリッド・バーグマン）（略）

まず、本年9月から2年間は、週5日の美容室勤務と、週2日のナーシングホーム通いを続けます。そして60歳の誕生日（２００１年12月23日）迄には、美容院を開業します。（略）車椅子でもシャンプーが出来る設備、福祉タクシーとタイアップした送迎サービス等を取り入れるつもりです。更に、３年後（04年、63歳時）に「動く美容室」を作り、美容師仲間と手分けして施設を巡ります。……〝Retire〟とは、〝再び疲れる〟との意味でしょう。

たとえ、身体が不自由であろうとも、いくつ年を重ねようとも、美しく在りたいと願う女性。若々しくお洒落でいたいと望む男性。「よく来たね」、「有り難う」と心から喜びを表すお年寄り達の笑顔に出会う為に……。

〝濡れ落ち葉　自ら乾いて　舞い上がれ！〟〉

藤田さんにとって、この挨拶文は公約文でもあったはずだ。社会に対して実行を約束、声明した文章である。

「どこの美容室でも五十八歳、男の美容師を使ってはくれません。ツテで金沢八景の美容室を紹介されました。失業保険を十カ月もらえましたから、給料は結構です、交通費だけ下さいといって、床掃き、タオル洗いを半年、その後シャンプー、一年後パーマを巻くことが許され、店内の試験を受けて合格、いよいよ営業開始となりました。

店を構えることにした横浜市栄区は、坂が多い。当時で高齢化率が二十％、市の平均が十八％でしたから、お年寄りが多く、美容院に行くのも大変なはずです。それなら送迎付きでお店に来ていただく、あるいはこちらから出かける、そういう店なら住民に受け入れられる。ちょうど居抜きで美容院の売り物が出てました。舗道から直接店に入れる。バリアフリーです。交渉して予算内に収まったので、開店できました」

〇六年には全国に訪問理美容師の活動を広げようと「ＬＬＰ全国訪問理美容協会」を立ち上げ、理事長に就いた。毎年理美容師を対象に三日間の研修会を開催したり、訪問理美容向けのクロスや薬液の普及を図ったりが内容である。また〇七年には介護施設などに出前美容するため、前記の「若蛙」をオープンした。現在は東京、千葉、神奈川の施設六十カ所、デイサービス八十カ所をカバーしている。

今なお藤田さん自らハサミを手に美容の現場に立つが、二店の経営も見なければならず、毎日が忙しい。理美容の世界では売上の八割が人件費に消えるから、経営は必ずしも楽ではない。

「儲かってません。しかし私自身は年金も貰っていることだし、多く稼ぐ必要もない。忙しくして体調は絶好調です。去年もホノルルマラソンに出て完走しました。十六回目でかかった時間が七時間。ゴール打ち切りの八時間が迫ってきて、おちおち出来ません」

今の仕事に生き甲斐を感じ、八十五歳までは続けたい、と藤田さんは言う。人に爽やかさと幸せを運ぶ超人である。

（二〇一三年二月号）

地域の悩みに応えるシステムエンジニア　井田和義

井田和義さん（38歳）は二十六歳でホームページや各種の管理システムを制作するウェブフィールドを東京・江戸川区で起業、すでに十二年続けている。

今の年収は会社員時代の一・五倍というから、さほど儲かっているとはいえないが、物腰にどこかゆとりがある。

区の子育て情報をまとめたポータルサイトの面倒を見るなど、「余計ごと」にも手を伸ばすのは余裕があるからだろう。こうした部分は二〇一七年、「一般社団法人ハギュット協会」として分離し、以来、私企業と社会貢献という二頭立て馬車を走らせる毎日である。

結局、「人はパンのみにて生きるにあらず」という通り、心のどこかに社会のお役に立っているという感覚が欲しいのかもしれない。

もともと子供時代を豊かに過ごしている。一九八〇年、北区十条の生まれ育ちで、生家は十条駅前の地上四階、地下一階の割烹「立山」だった（今はない）。母方の祖父が一代で築き上げ、父親はその跡取り娘と結婚して井田さんが生まれた。父親は板前で万事控え目、母親は若女将として店を切り盛りした。美人でちゃきちゃき、勝ち気な性格で、客に人気があった。

井田さんは何不自由なく、小・中とも地元の公立学校に通った。住まいは十条駅から徒歩十分、池に錦鯉が泳ぐ和風の豪邸だった。放課後、割烹に遊びに行けば、板前や仲居から大事にされ、今思えば「将来の若大将」として扱われ、祖父や両親からも「板前になって、お前が店の跡を継ぐんだ」と言い聞かされた。事実、皿洗いやお運びなど店の手伝いもしたが、そのころも本気で取り組む気はなかったように思うと、井田さんは言う。

高校は新宿にある関東国際高校の中国科に進んだ。これからは何をやるにも中国語が役立つと思ったからだ。相変わらず「大学に進まないなら店を継いでもらう」が親の意向だった。それで東京成徳大学に入学したが、肌に合わず、その年の夏に中退した。

実はこのころ祖父が株の信用取引で大損し、住まいを手放す窮境に陥った。祖父は富山の出身で働き者だった反面、根っからの勝負好きだった。株で一日三千万円儲けたこともあるが、最終的には一代で築き上げた事業を瞬く間に失った。

仕方なく井田家は割烹の四階を住まいにし、階下だけで営業したが、それも焼け石に水。ほどなくテナント貸しになり、今では親戚が引き継いでいる。

生家がそうだったから、両親は中退を咎めなかった。井田さんは親元で一年半ほど店舗経営の修業をしたが、バブル崩壊後の不景気が長引き、高級割烹の仕事は回復しそうになかった。

井田さんは家を出て、埼玉・中浦和にアパートを借り、一人住まいを始めた。正月にもらったお年玉の残りやバイト代だけで自活しようとしたのだ。それより以前に、割烹の常連からパソコンのアプリやインターネットの話を聞いていた。自分でもやってみようと、二十歳で代々木の東京スクール・オブ・ビジネス専門学校に入り、二年間、情報処理学科で学んだ。

井田さんは当時の生活を思い出す。

「人生で一番勉強した時期です。プログラムを組んでパソコンやゲーム機が動くのが楽しく、夢中になれました。部屋にはニクロム線の電熱器があるだけで、人からお米をもらうと、そこらの空き缶で飯を炊く貧乏暮らし。テレビを買っても、置き台が買えず、視聴は床に直置きです」

親元を離れ、生まれて初めて貧乏生活に飛び込んだ。二〇〇二年、専門学校を卒業し、五反田駅近くのシステム開発会社に入社した。修業時代に同社のバイトを経験、社長と顔見知りで、その縁での就職だった。

入社して三週間後、大手の食品化学系システム会社に出向、世界の支社データの集約などを目的とするシステム開発を担当させられた。会社は川崎市川崎区にあり、卒業を機に戻った十条の実家から片道二時間以上かかった。仕事には興味を持てたが、それでも九時半出勤、二十三時退社という長時間勤務がザラで、気ままに過ごせた子供時代が夢のように思えた。また作り上げたシステムを誰がどう使うのか現場を見られず、仕事に「やったぜ」感がないことに「どこか、違うんじゃないか」と感じた。

それでも休日を生かし、知り合いの学習塾からバイト的に請け負った教育システムを組み立ててみた。実際にどう使われるのか、教室で見学することができ、満足感は大きかった。同じ仕事をするなら、こういう仕事がいいなとつくづく感じた。

求めたのは〝ユーザーの声〟

出向社員として一年半働き、二十三歳で退職した。その後はフリーランスのシステムエンジニアとして働き始めるのだが、仕事が好きで、実力もあったから、フリーの生活はまるで苦でなかった。システム開発は当時、市場価値が高く、月に一、二件受注をこなせば、楽に生活できた。

これで実質的に井田さんの起業が始まったわけだが、起業に当たって煩悶《はんもん》も不安もなく、まして親や婚約者から反対もなく、水が低きに流れるように、いわば「自然流」の起業になった。

二十五歳で結婚し、現在地の江戸川区に引っ越した。二十六歳で前記のウェルフィールドを家と同じ場所に創業する。

たとえば同社の事業内容の一つに企業や法人のホームページ制作があるが、井田さんのモットーは決して作りっぱなしにせず、顧客と一緒にどう当初の目的を達成するか、双方で知恵を絞って改善する。地元密着型、長期取引型、双方ともウィンウィン型が井田さんの経営目標なのだ。一発屋では決して地元で生き残れないし、そういう仕事はお金だけで完結し、面白みに欠けると考える。

一般社団法人のハギュットも同じだ。八年前、長男が生まれたが、奥さんは世田谷育ちで、江戸川区には親戚も友人もいない。井田さんにしろ江戸川区では新住民だから、出産や子育てで近くに相談できる人がいない。初めての子だったから、どうしても不安が先立つ。これを奥さんだけの不安や心配にとどめず、江戸川区全域で子育てに有用な情報を調査・収集、ネット化し、無償で区民に役立ててもらえればというのが井田さんの当初の発想だ。

運営費は母親層のニーズ情報を企業に提供することで賄う趣旨だが、スタッフ三人で運営しているから、人件費をカバーしきれず、営利企業であるウェルフィールドが不足分を補いがちになる。ハギュットをウェルフィールドと切り離し、より透明化して、公益性、公共性を打ち出せば、区や関係企業が参加しやすくなるはずという考えから一般社団法人に改組した。

情報を必要とする人に、必要な情報を無償で提供し、その情報を現実に役立ててもらう――。こうした情報の流れの中に宣伝や広報、商機を見いだす企業が存在しよう。そして少子高齢化が深まる中で出産と子育ては公私を問わず、緊急の解決すべきテーマなのだ。

井田さんは起業の勢いを駆って、どの地域でも需要があるビジネスモデルを期せずして発想したといえるのではないか。

（二〇一八年十一月号）

京大応援団長が新潟で地域おこし協力隊　多田朋孔

多田朋孔さん（33歳）のお宅はそれほど山深くない。新潟県十日町市。十日町駅には特急が止まるし、駅からは車で二十分ぐらい。

冬には道の両側に三〜四メートルほど雪の壁ができるそうだが、多田家の前の道路には除雪車が入って、車の通行には不自由しない。過疎の集落で、多田さん自身が「地域おこし協力隊」の地区担当というから、人里離れた山奥を想像していた。

家は広い。二階建てで六部屋もある。玄関から上がってすぐの部屋など十五畳と広い。古びてはいるが、都会の住まいと違って広々としている。集落の持ち物で家賃が三万円。が、補助が三万円出て、実質的にタダ。畑は五畝（百五十坪強）でむらの人からタダで借りている。畑でありとあらゆる野菜を少しずつ栽培し、ほとんど買う必要がない。田は四反（約四〇アール）借りているが、傾斜のきつい棚田には「中山間地域等直接支払制度」という補助があり、それがそのまま地主に回って実質タダという。

多田さんが住む池谷集落には一九五五年ごろ三十七戸、百七十人以上が暮らしていた。

隣には入山という集落もあり、池谷と入山に住む子供たちのために小学校の分校があった。高度成長期に都会への人口流出が始まった。農林業の経営が難しくなり、副業の機織りも低迷した。二〇〇四年には新潟県中越地震が起き、戸数がさらに減って耕作を止める人さえ出た。池谷は現在戸数八戸、住民が十八人。お年寄りが多い。入山は八九年最後の一戸が離村して集落は消滅している。このままでは人口減で池谷も廃村になってしまう……。

全国にこういう廃村一歩手前の集落がいくつもある。そこで総務省が「地域おこし協力隊制度」を始めた。都市圏の住民が一〜三年程度、地域に住民票を移して農林漁業を応援し、水源保全など地域協力を行う。そうした活動を応援するため、三年を限度に年間二百万円の給料と活動費を支給する。四年目からは各自、自活し、むらに根をおろしていく。多田さんもこの制度を利用し、去年二月一家で池谷に移住した。

話を聞いて、なるほどこういう生き方も悪くないなと思える。都会であくせく暮らすより、よほど人間らしい生活が送れそうだ。むらの人にとっても、日本国民の立場からも、山村を廃村にしたくない。山の暮らしが成り立ってこそ、日本の多様性という豊かさが保たれるのだ。

今の社会、いろいろ制度疲労を起こしている。都会でサラリーマンをやっていて、ほんとに大丈夫なのか、漠たる不安がある。自給自足に近い生活の方が人間の本来なのではないか……。多田さん自身が三年前、リーマンショックを目の当たりにして、こう思ったという。

エリートになろうと思えばなれた人である。嗅覚というか本能というか、それに導かれて今の山里生活を選び取った。

いっそのこと会社が潰れてしまえばいい

一九七八年大阪生まれ。父親は建設会社に勤め、弟が一人いる。府立大手前高校から一浪して九七年京都大学経済学部に入った。中学で陸上の短距離をやり、高校でサッカー、大学では応援団のブラスバンド部だった。第四十四代の京大応援団長にもなっている。一貫して体育会系で通し、健康には自信がある。

世界史、中でも中国史、特に項羽と劉邦の時代が好きで、京大を卒業するころには文学部に転部していて考古学を専攻、卒論では当時の人々の生活を語る糞石《ふんせき》と格闘した。

つぶしの利く経済学から就職先も稀な考古学へ。大学を出た後、何をして働くか、まるで考えていなかったと語る欲のなさである。こせこせした時代には珍しいおおらかさ、自然体といえよう。

応援団では先輩に酒を飲まされた。人前で話す機会も多かった。酒も話も苦手意識はなく、今の生活に役立っている。むら人も酒が好きだ。

一年留年して〇二年京大を卒業、中堅・中小企業やベンチャー企業を支援する東京の会社に就職した。

「自分が生涯ずーっとサラリーマンをやるとは考えられなかった。いつかは独立して何かやるかも知れない。会社は『企業家輩出機関』をスローガンに掲げていましたから、仕事をしながら勉強できると考え、入社した。しかし入ってみると様子がちがう。起業家を探して起業を成功させるより、フランチャイズの加盟店探しに精を出す。加盟した人が収める加盟金が折半になるため、それが収入の柱になっていた。ぼくらのやる仕事は加盟店の獲得で、営業でした」

配属は福岡支店だった。会社は上場していて入社当時、株価は二千円だったが、徐々に下げ、辞めるころには二百円に下がっていた。

加盟店を集めないと、うちがつぶれるんだ、と上司にいわれ、いっそのことつぶれてくれればいいとさえ感じた。意地があり、自分から辞めると言い出したくはなかった。会社は辛うじて持ちこたえた。

　二年目、多田さんはスーパーバイザーになった。美容院向けのコンサルタント育成や、加盟店へのフォローが仕事で、実績を上げ、褒賞でハワイ観光に行けた。

「やってみたが儲からないなど、クレームもあるわけです。仕事をこなしているうちにコミュニケーション能力が上がり、いざこざが起きても話し合えば分かるってことが分かってきた。それと、どこも経営が厳しく、お金の取り合いをやってる社会があるんだってことを実感できました」

健康である限り仕事はある

　五年間勤めて〇七年二十九歳で退職した。会社のダーク面も見て、もういいと思ったのだ。前年には結婚し、奥さんは最初の子供を身ごもっていた。京都大学応援団の同期である。多田さんはすぐコンサルティング会社に再就職した。大企業向けに社員研修や組織開発を手掛ける会社で、毎年売上の一％を社会貢献活動に寄付していた。

　会社の寄付先の一つにＮＧＯのＪＥＮがあった。旧ユーゴスラビアやアフガニスタン、イラク、パキスタン、スリランカ、スーダン、ハイチ、新潟、宮城などで支援活動を行っている団体である。JENは〇四年の中越地震以来、池谷、入山集落に入って支援を続けていた。

多田さんも池谷に通い、ボランティア活動に従っていたが、「地域おこし協力隊制度」を村でも活用しようとしているとの情報を入手し、池谷に協力隊員として移り住もうと考えるようになった。

多田さんは移住に乗り気だったが、奥さんがなかなかOKを出さなかった。会社に勤めていれば月五十万円の給与のほかボーナスがもらえる。二歳になる子供もいた。子供の教育とか病気とか、あれこれ考えれば、都会を離れたがらないのは当然だろう。

多田さんは事実が説得してくれるはずと信じて、奥さんと一緒にせっせと池谷に通った。ぼろぼろだった今の住まいを、むら人や集落に通うボランティアが修繕してくれた。多田さんも奥さんもこうした様子を見て、むらの人は本気なんだと感じた。本当にぼくたちに入ってもらいたいんだ、と。情にほだされというのか、奥さんもついに池谷移住にうなずいてくれた。

去年二月、多田さん一家三人は雪深い池谷に移住した。地元には正社員の仕事がないだけで、冬には屋根の雪下ろしや雪を捨てる肉体労働がある。健康であるかぎり仕事はあるのだ。雪が解ければ、それこそ「隣百姓」で、隣の人をマネして畑に作付けし、春には棚田に水を入れ、稲を植え、田の草取りをする。子供は集落の中でただ一人の子供だから、村中の人が可愛がってくれる。「自分でここで稼ぎぶちをつくるぞという気持ちさえあれば、誰でも十分やっていけます」。多田さんは力強く言い切る。むら人からの信望も厚い人にちがいない。

（二〇一一年十一月号）

大震災きっかけに退職しログハウスの宿屋経営　大原則彦

草屋根をご存じだろうか。屋根の上に生きた草が生えている。大型ビルの屋上緑化はなじみがあっても、ログハウスの草屋根は珍しい。外壁も丸太、屋根も草と、自然そのもので確かに映りがいい。

房総半島の南端近く、太平洋に面する側（南房総市白子、ローズマリー公園の隣）に大原則彦さん（54歳）のコテージ七棟が並んでいる。いずれも草屋根であり、宿泊できる。

大原さんは十六年前まで自販機の販売会社にいた。阪神淡路大震災を機に脱サラし、コテージでの宿泊業兼ログキャビンの製作・販売をやっている。

会うと筋骨隆々として、まるでレスラーである。ログハウスは丸太の切り出しから搬入、加工、組立まですべて自力でやって、重機を使わないから、嫌でも筋肉質になる。

父親は風呂桶職人、幼少より木に親しむ

房総の地にぴったりの商売だが、生まれは千葉ではなく、愛知県豊橋市である。一九五

七年生まれ、風呂桶職人の長男である。戦後も高度成長期辺りまで木製の風呂桶（浴槽）が使われていた。生家ではサワラの木を井桁にして積み上げ、日に干していた。子供時代、よく干し場で隠れんぼうをして遊んだという。サワラは水に強く狂いがない。木肌も白くきめ細かいから、風呂桶に好んで使われていた。

今大原さんは土地に生えているスギやマキ、マテバシイ、クスノキなどを材料にログハウスを自作している。木と取っ組み合うのは父祖からの血かもしれない。

地元の小中学校を出て、進学校の県立時習館高校に進んだ。生物部に入り、植物採集に熱を入れた。草も木も好きだったことから、国立千葉大学の園芸学部に進み、緑化植物学を専攻した。かたわら人形劇団に入り、演劇や紙芝居で松戸など近辺の街を回った。図書館関係の財団が人形劇団を手がけ、そこに所属したのだが、給料が月一万円でこづかいにもならない。

大学を一年留年して八〇年に卒業、東京・西新宿にある自販機販売会社に入った。担当は関東一円で、当初は飛び込みのセールスだった。自販機一台が約百万円で、平均月三～四台、多い人で五台くらい売った。大原さんの成績はよく、トップセールスマンだったが、そのうち自販機の値も下がり、リース方式などが登場、中身の飲料も売ることになった。

出入りの激しい業界だったが、大原さんは九五年まで十五年間、同じ会社に勤め続けた。後半は営業マンを管理する側に回り、辞めるときは次長になっていた。

しかし入社したときから、自分がサラリーマンを続けられるとは信じていなかったという。大変な仕事でも何とかこなすのは収入のためであり、いつかは会社を辞めて自分の好きなことを、と考えていた。辞める四〜五年前から何をやるか思案していたが、最終的に尻を押してくれたのは阪神淡路大震災だった。

復旧のため何か手助けできないかと考え、ボランティアで被災後の神戸に入った。瓦礫の山を目の前にしながら重機がない。自力で運べるのは水ぐらい。安くて頑丈な住まいを調達できれば、多くの人が助かるのにと思ったが、たとえ調達できても運搬手段がなく、手伝いようがない。他方、数多く遺体を見た。人間は簡単に死んじゃうのだなと改めて思い、これは自分もやりたいことをやらないと、後で悔やむことになると感じた。

三月二十日、オウム真理教がサリンを撒いた日、会社を辞めた。三十八歳だった。結婚していないから、妻の反対とかはない。上司は慰留してくれたが、一〜二年前からそれとなく辞めると匂わせていたから、簡単に話は済んだ。

次の仕事として、民宿かペンション、ロッジのたぐいはどうかと考えた。場所は山よりも海がいい。東京で海といえば千葉か伊豆になるだろうが、伊豆は何か高級感があって自分向きじゃない。大学が千葉だったこともあり、千葉に親近感を持っていた。

たまたま千葉の鴨川でレンタルの民宿が出ていた。民宿業のノウハウを学び、できれば次の仕事の資金を積むため、五年間、民宿を経営してみた。

その上で二〇〇〇年、現在の白子に土地三百坪を買い、ログハウスをまず一棟建てて宿泊業「ログキャビンナチュレ」を始めた。前は畑だった土地で、売り主が地目を改めてから買ったのだが、坪五万～六万円。蓄えはあらかた消えた。

「今は農家の屋敷林も成長しすぎて伐採したい、と。ところが農家の人が高齢化して伐《き》る人がいないし、伐った後、搬出し、処分するのにまた費用がかかる。私が伐ってあげます、搬出も処分も無料でやりますといえば、農家は喜んで、ぜひお願いしたいと言います。そういうわけで、私のログハウスの材料は全部タダ。しかもせっかくの資源を焼却処分せずに有効利用できる。エコにもなると考えました」

年間百日働き地域活動にも没頭

大原さんのログハウスは独学である。伐採現場で木を二・五メートルの長さに切り揃える。それを軽トラックに積み、持ち帰る。丸太はしばらく放置して乾燥させるが、それでも加工台の上に据え、転がし、下ろすのは重い。大原さんの体が立派になるのは当然なのだ。そうやって一年に一棟ずつログハウスを増やしていった。

「この辺りでは畑に杉を植えている農家がある。杉を植える前、地目を山林にすれば、宅地として売れると考えたのかもしれない。しかし杉は育ちすぎて、肝心の畑の日当たりを悪くする。木材として売るマーケットもない。しかも搬出に費用がかかる。で、こういうのも私のところに話が来るわけです」

杉材はログハウスの材として最適ではないが、それでも十年近くはもつ。大原さんは化学物質過敏症のお客もいるため、あえて丸太に塗料や染料は塗らない。自然木そのものだから曲がりがあり、材と材の間に隙間もできる。ふさいではいるが、まれに虫も侵入してくる。そのためホームページには「近代建築に慣れた方、旅館やホテルを御想像される方、女性の方には、施設が合わない場合がございます」と断っている。

一〇平方メートル以下のログハウス一棟が約六十万円という。材が傷んでくれれば建て替えても惜しくない額だろう。頑張れば月に一棟できると大原さんはいい、自作ログハウスの販売、据え付けもしている。ロシア流のダーチャや一時避難所としてログハウスを推奨しているが、家の敷地に余裕があれば、離れや書斎代わりにもいいだろう。

「私の本業はログハウスに泊まっていただく宿屋業です。この辺りは正月とゴールデンウィーク、夏休みがシーズンで、これで年間百日ぐらい働く。後はログハウスづくりやその材料集めの伐採業、子供や観光客を対象にした紙芝居などのボランティア、こんなところです」

ログハウスにテレビはない。光ケーブルが引かれ、インターネットはできる。都市生活の喧噪から離れ、時間がゆったり贅沢に流れる。

「たとえばログハウスに使う木材です。市場に出回らないから流通していない。よってゼロとカウントされるけど、そういう物も含めて計算すれば、地方に生産力はあるわけです。生産力を顕在化できれば、十分地域興しができる。

現にここでも新しい移住者が増えました。三十代の夫婦とか、案外、年齢層は若い。私自身は朝五時に起きて、その日の作業をし、夜十時には寝る。健康には不安もなく、ここでこのまま死ねれば一番でしょうね」

要は考え方を変えればいいのかもしれない。地方ならプロにならずとも、アマチュアリズムで十分生きられそうだ。

（二〇一二年一月号）

お寺の跡取りが開いた中高年のパソコン道場　福田乗

福田乗さん（34歳）は前の会社にいたとき金沢支社のゼネラルマネージャーをやっていたから、多いときで年間八百人もの男女を面接していた。そのとき痛感したのは中高年男女の働く意欲の強さだという。

自分のこれまでの経験をいろんな人に伝えたい、今までは家族のために働いてきたから、今度は自分のために仕事がしたい、後一回がんばりたい——多くが意欲も、強力なスキルも持っていた。尊敬できる人もたくさんいる。

結局、中高年が働きたくても働く場がないことが問題だった。中高年の再就職を応援する場をつくれないか——。

模索し、研究し、マーケティング調査も重ねて二〇一〇年一月、福田さんは金沢市にパソコン道場「樂」を立ち上げた。ワード、エクセル、パワーポイントの習得が主だが、今は工場でさえパソコンで入力する。使える、使えないは就職でも差が出るし、何よりパソコンでのネット体験など、現代と繋がっていることを中高年にも実感してもらえるツールではないか。

福田さんは市内の浄土真宗「乗円寺」の後継者である。乗円寺は今から五百二十四年前、室町期に開創された古刹だが、檀家が二百世帯、墓が五十基ぐらい。住職だけの専業では運営が難しい。

福田さんは一九七九年お寺の長男に生まれ、三歳から法座のときなど祖父の横に座って九歳で得度した。地元の小・中・高に通い、中学時代は剣道部、高校では野球部に入ったが、一年で選手からマネージャーに回された。福田さんの数少ない挫折体験である。

大学は京都の大谷大学仏教学科に進み、大谷派の教師資格を得た。大学ではテニスサークルに入る一方、アルバイトに精を出した。飲食店のキッチンとホール、漬け物屋、ワインバーなど、何でもやった。一つには作家志望で、作家になるためには世間を知ることだと思ったからだ。

四年生の秋、就職はマスコミにと思い始めたが、すでに各社とも採用試験は終わっていた。電話帳で調べ、辛うじて大阪の広告代理店に入った。配属先は制作部。クライアントには葬祭会社もあったから、会葬礼状の文案づくりや葉書の印刷、名刺やＰＯＰの制作など、土日も休みなく雑多な仕事に追いまくられた。

ミナミで覚えた五円玉営業

かたわら営業もやらされたが、昼は制作の仕事でつぶれ、夜しか動けない。三ヵ月間、成績はゼロだった。半年後、制作で芽が出ず、「営業はすべての基本だ」と先輩に言いくるめられて営業に移った。人使いの荒い会社で、夜でも「まだ店はやってるよ」と飲食店に飛び込みで営業するよう指示された。

「仕事はお店の名入りライターやフライヤーの制作、求人広告、何でもいいんですが、お店にいきなり飛び込んだって、どこも仕事はくれない。ホストクラブに頼みに行ってホストに蹴っ飛ばされたり、さんざんな目に遭いましたけど、割と責任感が強い方で、辞めようとは考えなかった。こうなったら大阪中のビルを全部回ってやると、バカみたいに元気に飛び込んでました。

そうするうち、ミナミのラウンジのママさんが見かねたんでしょう。

『夜九時といったら、お客さんがぼつぼつお店に来られる時間帯よ。そういうとき営業に飛び込まれると、その日一日売上は上がらないっていうジンクスがあるの。塩撒かれて追い返されるのがせいぜい。得意先にどう喜んでもらえるか、もっと考えなさいよ』

ママさんは親切で、周りのお店に顔が広い人でした。いろいろお店を紹介してくれて、以来、ぼくの成績はがっと上がりました。あるときお店の集金を終えて、ママの店で数えていたら、五円玉が一枚だけ余った。ママに『お客さんにご縁がありますように』って渡したら、『こういうように縁を大事にしなければ』と、とても喜んでくれた。これだと思って、その後は五円玉に両替してたくさん持ち歩き、お得意先に行っては渡してたんです。これは爆発的に花開きましたね」

福田さんは入社一年たつかたたない間に大阪営業部新規売上一位、新規件数一位、新人賞をもぎ取った。会社は結果を出した者に固定客を回す。得手に帆を揚げた感じになり、歩合給は五十万円を超えた。チームの後輩育成も任された。

だが、〇三年十月、金沢の父が糖尿病で倒れ、お寺の仕事をするために退職、金沢に帰った。福田さんには学生時代、テニスで知り合った恋人がいた。彼女を郷里に連れ帰って結婚、一児をもうけた。

幸い父親は元気を回復し、祖父もいたから、お寺は福田さんなしでもやっていけた。福田さんにしてもお寺からもらう十万円では生活ができない。それで「金沢で働きます」と、〇四年七月、大手求人誌の金沢支社に入った。

ここでは営業職として得意先から仕事を取り、取材して求人情報をまとめ、原稿を作成し、印刷に回す。福田さんはこういう仕事には自信があり、翌年、月間MVP、月間敢闘賞、年間新人賞などを総取りした。〇五年には早くも金沢版の編集長に就任し、営業十四名を率いて指揮を執る立場になった。組織表彰を三度も受け、〇八年五月には福井版の創刊まで手がけた。福田さんの月給は三十万円でスタートしたが、ほどなく年収一千万円の大台に乗った。

だが、同年九月リーマン・ブラザーズが破綻、リーマンショックが日本をも襲った。これで会社の方針が変わった。それまで地方に権限と責任をもたせ、地方の思うがまま腕を振るわせていたのだが、地方に代わって東京が戦略を立て、全国均一のメニューを押しつけるようになった。福田さんが尊敬する上司はこれに反対し、辞めていった。

福田さんは前記したように年間八百人を面接、二十人に絞り込むようにして支社に採用して来た。何があっても対応できる精鋭部隊と信じていたが、本社は容赦なくリストラを迫った。辛くても人材を切らなければならない。自分だけ会社に残るという選択肢はなかった。〇九年六月退職した。

会社を辞めて、次に何をやるかだった。いずれお寺は継がなければならない。しかし別に地元で仕事を持たなければ、お寺は運営できない。お寺は江戸時代、寺子屋が開かれたぐらいで教育の場でもあった。お寺で教えるというアイデアが浮かんだ。乗円寺には大きな部屋がいくつもあり、ほとんど活用されていない。

しかし檀家さんの中には嫌がる人もいるかもしれない。福田さんは思案を重ね、まず寺から車で十数分の金沢市三馬二丁目にスペースを確保した。一〇年一月、ここにパソコン道場を開いた。平均一万円ぐらいの月謝で中高年とシニアに教える。パソコンはあくまでも手段。目的は人生第二の目標づくりや、楽しみづくりの手伝いである。

かたわら県から職業訓練の委託を受け、五十〜六十五歳、求職中の男女十人にパソコントレーニングを施した。もちろん委託を受けたからには訓練生たちの再就職に好成績を上げなければならない。

学び舎としてのお寺を取り戻す

県下に訓練所は多いが、誰も再就職率が悪い中高年の就職支援はやりたがらない。だからこそ成功させなければならないと、福田さんは考えている。幸い前職が求人誌だったから、企業の人事部にはめっぽう強い。そういう人脈を使ってでも再就職をバックアップ、実績を残すと腹を固めている。去年からはお寺でも中高年の再就職を支援するＮＰＯ活動を始めた。

「去年は立ち上げ三年目でしたが、ようやく当初考えていた、やりたいことをやれる状態になってきました。パソコン道場は正社員三人、持ち出しが多く、サラリーマン時代に比べ収入は三分の一ですけど、今の仕事を止めようと思ったことはない。後悔もしてません。お寺を現代の学び舎にするという夢に一歩一歩近づいている実感があります」

高齢化社会が深まっていく今、福田さんが先鞭をつけた仕事は困難だが、大きな需要がありそうである。

（二〇一三年五月号）

大手企業を早期退職した元ＳＥの介護タクシー　荒木正人

介護タクシーは、定年を控えた人が次に取り組む仕事として打ってつけだろう。小なりとはいえ事業主だから、人に使われずに済む。職住が近接し、朝、満員電車に乗らずに済む。需要は今後ますます伸びそうで、社会のお役に立つことができる。しかしながら、大儲けは望めそうにない。夫婦二人が食べられる程度で十分といった人向けかもしれない。

荒木正人さん（66歳）は八年前、同じように考え、杉並区で介護タクシーを始めた。もともとＳＥとして大手の情報システム会社に勤めていたが、五十六歳で早期退職し、五十八歳でこの仕事に入った。

一九四八年、親の疎開先だった石川県で生まれた。五歳のとき、親が東京・渋谷に引き揚げて建具屋を復活させたので、以来、荒木さんも東京で育った。公立の小中高を経て日大商学部に進み、経営学を学んだ。親が職人七、八人を使い、建具などを作る木工所を手広くやっていたので、学生時代、小遣いに困ることはなかった。家業は工業高校を出た兄が継ぐことになっていたが、少しでも家業を助けられればと、学生時代、簿記学校にも通い、簿記を学んでいる。

七一年大学を卒業し、横浜の自動車ディーラーに就職、経理を担当した。そのうち会社が電算化に踏み切るというので手を挙げ、準備グループ四人のうちの一人になった。専門業者の指導を受けながらプログラム言語のRPGなどを学び、部品の在庫管理などから電算化を広げていった。この作業は経理をやるよりよほど楽しかった。会社の得意先はトラックなどを使う業者が多く、ほとんどマル専手形で処理する時代だった。

三年でディーラーを退職した。コンピュータの仕事が面白くなり、もっと専門的にやってみたいと思ったからだ。七四年、大手の情報システム会社に入社した。入ってみて分かったのだが、情報システムの技術は広く深く、一層やりがいを感じた。

当時は一人に一台のパソコンなどあり得なかった。高価で大型のメインフレームをタイムシェアリングして使う。そのために仕事を一流れのプログラム群に分け、夜間、一度にバッチ処理するのが普通だった。帰宅はどうしても遅くなり、会社の仲間と飲むぐらいしか息抜きはなかった。

荒木さんが担当したのは損保、海運、証券、銀行業界などだった。仕事の間、得意先に常駐する形でシステムを組み上げていく。仕事はグループ作業だったから退屈することがなかった。まして時代はバブル経済期に突入し、得意先を接待したり、接待されたり、面白おかしく過ごすことができた。タクシーチケットなどは一冊丸ごと渡されていたから、使い放題に使えた。

仕事を外注にも出したし、派遣の人材を迎え入れることもあった。当時の派遣は能力が低く、助けられるどころか足手まといになることもあったのだが。

ボーナスで知らされる「現実」

二十九歳で結婚し、三十七歳でシステム開発課長になった。自分もまずまずこの会社でやれるかと思ったのだが、四十五歳のとき肩書きが課長から部長付に変わった。この人はもう部長になれないという肩書きであり、自分も先が見えたなと感じた。役職手当はせいぜい数万円で、毎月の給料にさほどの変化はなかったが、ボーナスでは月給額が掛け算される。目に見えて支給額が減り、ガックリくることが多くなった。

幸い子供二人はすくすく育ち、小学校から私立に通わせることができた。大学にも入れて、子供の教育にお金が掛かる時期はそろそろ終わりかけていた。しかし、このまま六十歳の定年まで会社にいて、その後、自分は何をしているのか。子会社に出されて雑務でもやっているのか。第二の仕事を考えるには六十じゃ遅いよなと思い始めていた。考えれば自分は理系でもなく、コンピュータを専門に学んだわけでもない。周りが専門家ばかりの中でよくここまで仕事を続けられたものと思う。せいぜいこんなものだろうという諦念も内心感じていた。

奥さんは「やりたいことをやればいいのよ」

五十歳になって二カ月間、土日だけシニアライフアドバイザーの養成講座に通った。公的資格ではなく、当時の経済企画庁が後押ししただけだったが、それでも人気があり、受講生が七十～八十人も詰め掛けていた。六十歳が中心世代で、荒木さんは一番の若手だった。ここで初めて介護タクシーという仕事を知り、養成講座で知り合った人の紹介で有料ボランティア的に介護タクシーをやっている人に弟子入り、仕事のあらましを教えてもらった。

五十六歳で会社を早期退職した。上司に引き留められることもなく、在職中に買っていた会社の株を売り払い、さばさばしたものだった。子供の教育という親の責任も果たしたし、後は自分のやりたいことをやるだけ。奥さんも「やりたいことをやればいいのよ」と、まあ賛成してくれた。六十歳になったら年金を繰り上げ支給してもらおうと考えていたから、緊張することもなく、淡々と準備を始められた。

役所などに申請書類を出す一方、大型自動車第二種免許やホームヘルパー二級、福祉住環境コーディネーター二級も取得した。仕事がら用心深い運転を身につけるため、幼稚園のバス運転手を二年ほども体験している。介護タクシーは世田谷区に七十社、杉並区には七十数社も存在する。競争は激しいが、高齢者に限らず人口が多いから、需要は十分ある。

二〇〇七年、サン・ゴールド介護タクシーを開業した。資本金は百万円、車はローンで買い、銀行からはその後の分も含め五百万円ほどを借り入れた。車は介護用車がトヨタ、日産から発売されている。後部に車椅子をスムーズに乗せるためのスロープ付きで、普通車より三十万〜四十万円高い。大型、中型、小型（軽自動車、狭い道幅で使用）、セダン型と四台購入したが、今は三台に減らしている。

地元には有料老人ホームがいくつもある。最初はホームや腎臓透析の病院などに営業に回り、長期継続的なお客を確保しようとした。それにはある程度成功したが、実際に使ってくれる要介護の人の移りゆきが予想外に激しく、恒常的に営業を続けなければならない。お食事会や買い物、美容、スポーツ観戦への往復、法要や慶事、旅行など、新たな使い方を提案してはお客を絶やさない努力が不可欠になる。

パートタイムを含め、現在八人に在籍してもらっている。銀行には月々十万円ほどローンの返済を続けている。年収は六百万円ほどでサラリーマン時代には届かないが、それでも人に感謝してもらえる、いい仕事だ、社会の役に立っている、と我がことながら仕事惚れしている。「始めてよかったと思ってます。地域の仕事だし、子供時代の仲間が一杯います。私自身も地域の世話焼き活動でお手伝いしてます。地域で生きている、生かしてもらっていると実感します」

老いては土地に生きろ、は貴重な教訓かもしれない。人柄もあるのだろうが、荒木さんは地域に溶け込んでゆったり働いている。


（二〇一五年九月号）

自転車メーカーを辞めて自転車雑貨店開業　長谷川勝之

自転車の修理はやっても、時計の修理はやらない。東京・向島の店の営業メニューにも「時計修理」は載せていない。だが、下町のお婆さんは細かいことを気にせず、長谷川勝之さん（38歳）の店「千輪《ちりん》」に動かなくなった壁掛け時計を持参し、「直して」と頼んだ。

長谷川さんとしては、嫌とはいえない。時計に関しては素人だが、分解掃除して部品を組み立て直すと、時計はきちんと動き始めた。

店を再訪したお婆さんに時計を「ハイ、直りました」と渡すと、お婆さんは喜んだ。だが、代金は受け取れない。時計修理の工賃など設定していない。お婆さんはタダと聞くと気の毒がって、海苔の佃煮「ごはんですよ！」一びんを置いていった……。

「千輪」のブログをのぞくと、そんなことが書いてある。下町の商店街に流れる時間と人の関係が感じ取れるような話である。店が忙しければ、時計を持ち込まれても断るしかない。いい案配に手隙の時間があるから、地元へのおつき合いで、時計にも触れる。多忙は人をとげとげしくするが、適度なヒマは人を優しく親切にする。

長谷川さんの「千輪」では、基本、自転車は売らない。自転車のかわいい小物や部品の販売、修理、改造などを手掛ける。小さな店で、誰が見ても、売り上げはたいしたことがないと分かる。

しかし、もくろみ違いではない。長谷川さんは当初からこの程度と思って、三年前に「千輪」を創業した。彼の独立起業は思惑通りなのだ。

前職は自転車販売大手のA社で、中国進出の重責を担い、三年ほど中国に渡って陣頭指揮を執った。が、あまりの激務の反動なのか、消耗品風に自転車を売ることがつらくなった。自転車は耐久消費財である。粗末に扱うのではなく、大事に手入れし、長いこと使ってもらいたい。

長谷川さんは一九七九年、青森に生まれた。両親とも船に乗っていて、たまたま青森に寄港したとき、母親が同地の病院で出産した。育ちは石川県の金沢市近くの野々市市だ。長谷川さんが物心ついたころ、父親は建設関係の仕事についていた。

五人きょうだいの末っ子だが、小学三年のとき両親が離婚した。長谷川さんは父親に引き取られ、父と二人暮らしになった。母親の家も近くにあり、ときどきは母親の家にも遊びに行った。家が二つあるようで面白く感じたが、今思えば、周りの人は同情の目で見ていたような気もする。

父は長距離トラックに乗り、夜もいないことが多かった。だが、女性関係などはなく、長谷川さんの成長だけを生きがいにしているようだった。子供時代、いっさい怒ったことがなく、暴力も振るわなかった。

父親に自転車を買ってもらい、一人で乗って遊んだ。将来の夢はどういうわけか、警察官だった。大きくなったらお巡りさんになりたい。走りは得意で速かったが、父子家庭だったから運動会でも買った弁当で済ませた。それが恥ずかしく、皆に隠して食べた記憶がある。

警察官になれず自転車メーカーに就職

高校は地元で唯一の県立野々市明倫高校だった。大学は関西外国語大学（大阪・枚方市）の国際言語学部。石川県警が中国語を話せる人材を募集していることを知り、中国語を専攻した。海外留学で知られた大学だが、私費留学が含まれ、費用を稼ぐためアルバイト漬けになった。在学中、都合三回、合計九カ月ほど北京に語学留学した。

長身で痩せぎすだが、体は丈夫である。学生時代、一万円弱のママチャリを買い、大阪から野々市まで三〇〇キロを十五時間かけて帰省したことがある。脱水状態になり、頭が痛くなったが、その後も懲りずに大阪から友だちの住む千葉まで自転車を漕いだりした。途中、静岡で財布を落とし、ポケットの小銭だけでようやく千葉にたどり着いた。

在学中、あまり酒を飲まず、かたぶつの学生で通した。二〇〇二年、石川県警の試験を受けたが、二次の体力検査と面接で落ちた。仕方なく中国に支社があるからと、新卒で商社に入ったが、どうにも仕事に熱が入らず、三ヵ月で辞めた。そのとき自分の好きな物は何かと考え、自転車かもしれないと思い当たった。

それで冒頭で触れたように大手の自転車販売会社A社に入った。A社は商品のほとんどを中国の工場で作らせている。店舗に配属され、自転車の販売や修理にあたった。自分の身の丈に合った仕事と感じ、勤めは楽しかった。

入社二年目、社長に年二億円売れる店を任された。東村山店、東久留米店、北千住店など、売り上げが数億円になろうかという優良店ばかり、おおよそ二年間隔で店長として歴任した。

念願叶って中国に渡ったが……

一〇年、A社は中国に逆進出することになった。中国でつくった自転車をA社の名とノウハウで中国で売る。長谷川さんは計画が持ち上がった早々から中国行きを望んだ。望みは叶えられ、中国事業の立ち上げで北京詰めとなった。

最初は中国での仕事に戸惑いといらだちを感じっぱなしだった。日本ならメールや電話一本で済むところ、予定通りに進まない。しかも商品の素材も質も悪い。手直しを頼んでも、打てば響く応答がない。どうしていいか分からず、頭がおかしくなりそうだった。

一二年に妻が出産を控えていた。それで日本に帰れたこともあったが、三年間ほぼ毎日、中国と悪戦苦闘した。責任者の格で行ったから、製造、仕入れ、品質管理、販売店の設計、人員募集、管理、従業員教育、広告宣伝など、あらゆる分野に目配りしなければならなかった。

三年であらかた販売の基礎は築いた。現在、A社は中国で四店舗に拡大している。中国行きの夢を果たした長谷川さんは、一度日本に戻され、別の部署に配属された。子育ての環境としても中国より日本の方が好ましかったので、ちょうどよかった。

他方、日本の店でも、せっかく買ってもらった自転車が駅前に放置され、山積みになって処分される。自分がしている仕事って何なのか、虚しさを感じた。燃え尽きかかったのかもしれない。単純に自転車を売りたくなくなった。

一四年、三十五歳で退職し、同年五月、向島の鳩の街通り商店街に「千輪」を開業した。下町で家賃が安い、商店街の中に同業の自転車屋がない。小物を扱うならほぼ在庫が不要、固定費が少なくてすむ。そんなこんなが向島を選んだ理由だった。

奥さんは当初、独立自営に反対したが、最終的には賛成してくれた。年収はA社時代の三分の二に減ったが、仕事はお金だけではないと感じている。会社時代には絶対できなかった非効率な仕事をやれる喜びがある。ブログを始めたことで遠方の自転車好きも来店してくれる。地元客との会話も楽しい。

長谷川さんは会社を辞めて後悔はまったくないと言い切る。仕事というより、自分の生き方を選択し直したのかもしれない。その仕事で理想的に生きられるかどうかである。

（二〇一七年十二月号）

溝口　敦（みぞぐち　あつし）
ノンフィクション作家、ジャーナリスト。1942年東京都に生まれる。早稲田大学政治経済学部卒。出版社勤務などを経て、フリーに。2003年『食肉の帝王』（講談社＋α文庫）で講談社ノンフィクション賞を受賞。著書に『詐欺の帝王』（文春新書）、『暴力団』（新潮新書）、『溶けていく暴力団』（講談社＋α新書）、『山口組三国志――織田絆誠という男』（講談社＋α文庫）など多数。暴力団、半グレなど、反社会的勢力取材の第一人者である。

文春新書

1220

さらば！　サラリーマン
脱《だつ》サラ40人《にん》の成功例《せいこうれい》

2019年6月20日　第1刷発行

著　者　　溝　口　　敦
発行者　　飯　窪　成　幸
発行所　株式会社　文　藝　春　秋

〒102-8008　東京都千代田区紀尾井町3-23
電話（03）3265-1211（代表）

印刷所　　大　日　本　印　刷
製本所　　大　口　製　本

定価はカバーに表示してあります。
万一、落丁・乱丁の場合は小社製作部宛お送り下さい。
送料小社負担でお取替え致します。

ISBN978-4-16-661220-8

文春新書

◆経済と企業

金融工学、こんなに面白い　野口悠紀雄
臆病者のための株入門　橘　玲
臆病者のための億万長者入門　橘　玲
売る力　鈴木敏文
安売り王一代　安田隆夫
熱湯経営　樋口武男
先の先を読め　樋口武男
こんなリーダーになりたい　佐々木常夫
新自由主義の自滅　菊池英博
黒田日銀　最後の賭け　小野展克
石油の「埋蔵量」は誰が決めるのか？　岩瀬　昇
原油暴落の謎を解く　岩瀬　昇
就活って何だ　森　健
新・国富論　浜　矩子
資産フライト　山田　順
円安亡国　山田　順

日本型モノづくりの敗北　湯之上隆
松下幸之助の憂鬱　立石泰則
さよなら！　僕らのソニー　立石泰則
君がいる場所、そこがソニーだ　立石泰則
日本人はなぜ株で損するのか？　藤原敬之
ビジネスパーソンのための契約の教科書　福井健策
ビジネスパーソンのための企業法務の教科書　西村あさひ法律事務所編
サイバー・テロ　日米vs.中国　土屋大洋
ブラック企業　今野晴貴
ブラック企業2　今野晴貴
『ONE PIECE』と『相棒』でわかる！細野真宏の世界一わかりやすい投資講座　細野真宏
日本の会社40の弱点　小平達也
税金　常識のウソ　神野直彦
アメリカは日本の消費税を許さない　岩本沙弓
税金を払わない巨大企業　富岡幸雄
トヨタ生産方式の逆襲　鈴村尚久
VWの失敗とエコカー戦争　香住　駿
朝日新聞　朝日新聞記者有志

働く女子の運命　濱口桂一郎
無敵の仕事術　加藤　崇
「公益」資本主義　原　丈人
人工知能と経済の未来　井上智洋
お祈りメール来た、日本死ね　海老原嗣生
２０４０年全ビジネスモデル消滅　牧野知弘
自動車会社が消える日　井上久男
新貿易立国論　大泉啓一郎
日銀バブルが日本を蝕む　藤田知也
AIが変えるお金の未来　坂井隆之・宮川裕章＋毎日新聞フィンテック取材班
なぜ日本の会社は生産性が低いのか？　熊野英生

◆世界の国と歴史

新・戦争論　池上彰 佐藤優
大世界史　池上彰 佐藤優
新・リーダー論　池上彰 佐藤優
知らなきゃよかった　池上彰 佐藤優
民族問題　佐藤優
二十世紀論　福田和也
歴史とはなにか　岡田英弘
新約聖書Ⅰ　新共同訳 佐藤優解説
新約聖書Ⅱ　新共同訳 佐藤優解説
ローマ人への20の質問　塩野七生
新・民族の世界地図　21世紀研究会編
地名の世界地図　21世紀研究会編
人名の世界地図　21世紀研究会編
常識の世界地図　21世紀研究会編
イスラームの世界地図　21世紀研究会編
食の世界地図　21世紀研究会編

武器の世界地図　21世紀研究会編
戦争の常識　鍛冶俊樹
フランス7つの謎　小田中直樹
ロシア 闇と魂の国家　亀山郁夫 佐藤優
独裁者プーチン　名越健郎
イタリア人と日本人、どっちがバカ？　ファブリツィオ・グラッセッリ
イタリア「色悪党」列伝　ファブリツィオ・グラッセッリ
第一次世界大戦はなぜ始まったのか　別宮暖朗
イスラーム国の衝撃　池内恵
グローバリズムが世界を滅ぼす　エマニュエル・トッド ハジュン・チャン他
「ドイツ帝国」が世界を破滅させる　エマニュエル・トッド 堀茂樹訳
シャルリとは誰か？　エマニュエル・トッド 堀茂樹訳
問題は英国ではない、EUなのだ　エマニュエル・トッド 堀茂樹訳
世界最強の女帝 メルケルの謎　佐藤伸行
ドナルド・トランプ　佐藤伸行
日本の敵　宮家邦彦
「超」世界史・日本史　片山杜秀
戦争を始めるのは誰か　渡辺惣樹

第二次世界大戦 アメリカの敗北　渡辺惣樹
オバマへの手紙　三山秀昭
熱狂する「神の国」アメリカ　松本佐保
戦争にチャンスを与えよ　エドワード・ルトワック 奥山真司訳
知立国家 イスラエル　米山伸郎
1918年最強ドイツ軍はなぜ敗れたのか　飯倉章
人に話したくなる世界史　玉木俊明
世界史を変えた詐欺師たち　東谷暁
トランプ ロシアゲートの虚実　小川聡 東秀敏
王室と不敬罪　岩佐淳士

◆考えるヒント

聞く力　阿川佐和子
叱られる力　阿川佐和子
看る力　阿川佐和子　大塚宣夫
断る力　勝間和代
選ぶ力　五木寛之
70歳！　五木寛之　釈徹宗
生きる悪知恵　西原理恵子
家族の悪知恵　西原理恵子
ぼくらの頭脳の鍛え方　立花隆　佐藤優
人間の叡智　佐藤優
サバイバル宗教論　佐藤優
寝ながら学べる構造主義　内田樹
私家版・ユダヤ文化論　内田樹
誰か「戦前」を知らないか　山本夏彦
民主主義とは何なのか　長谷川三千子
丸山眞男　人生の対話　中野雄

勝つための論文の書き方　鹿島茂
世界がわかる理系の名著　鎌田浩毅
〈東大・京大式〉頭がよくなるパズル　東田大志・東大・京大パズル研究会
〈東大・京大式〉頭がスッキリするパズル　東田大志・東大・京大パズル研究会
つい話したくなる　世界のなぞなぞ　のり・たまみ
成功術　時間の戦略　鎌田浩毅
一流の人は本気で怒る　小宮一慶
イエスの言葉　ケセン語訳　山浦玄嗣
なにもかも小林秀雄に教わった　木田元
何のために働くのか　寺島実郎
「強さ」とは何か。　宗由貴・監修　鈴木義孝・構成
日本人の知らない武士道　アレキサンダー・ベネット
勝負心　渡辺明
迷わない。　櫻井よしこ
議論の作法　櫻井よしこ
男性論　ECCE HOMO　ヤマザキマリ
四次元時計は狂わない　立花隆
知的ヒントの見つけ方　立花隆

無名の人生　渡辺京二
中国人とアメリカ人　遠藤滋
脳・戦争・ナショナリズム　中野剛志・中野信子・適菜収
不平等との闘い　稲葉振一郎
プロトコールとは何か　寺西千代子
それでもこの世は悪くなかった　佐藤愛子
僕たちが何者でもなかった頃の話をしよう　山中伸弥・羽生善治・是枝裕和・山極壽一・永田和宏
珍樹図鑑　小山直彦
対論「炎上」日本のメカニズム　佐藤健志　藤井聡
安楽死で死なせて下さい　橋田壽賀子
世界はジョークで出来ている　早坂隆
一切なりゆき　樹木希林

◆教える・育てる

◆サイエンス

◆こころと健康・医学

◆社会と暮らし

池上彰の宗教がわかれば世界が見える　池上 彰
池上彰の「ニュース、そこからですか!?」　池上 彰
池上彰のニュースから未来が見える　池上 彰
ニッポンの大問題　池上 彰
「社会調査」のウソ　谷岡一郎
はじめての部落問題　角岡伸彦
フェイスブックが危ない　守屋英一
臆病者のための裁判入門　橘 玲
食の戦争　鈴木宣弘
生命保険のカラクリ　岩瀬大輔
がん保険のカラクリ　岩瀬大輔
詐欺の帝王　溝口 敦
潜入ルポ ヤクザの修羅場　鈴木智彦
潜入ルポ 東京タクシー運転手　矢貫 隆
ルポ 老人地獄　朝日新聞経済部
ルポ 税金地獄　朝日新聞経済部

日本の自殺　グループ一九八四年
女たちのサバイバル作戦　上野千鶴子
首都水没　土屋信行
日本人のここがカッコイイ!　加藤恭子編
あなたの隣のモンスター社員　石川弘子
ヘイトスピーチ　安田浩一
2020年マンション大崩壊　牧野知弘
女子御三家 桜蔭・女子学院・雙葉の秘密　矢野耕平
本物のカジノへ行こう!　松井政就
生き返るマンション、死ぬマンション　荻原博子
「意識高い系」の研究　古谷経衡
子供の貧困が日本を滅ぼす　日本財団 子どもの貧困対策チーム
児童相談所が子供を殺す　山脇由貴子
闇ウェブ　セキュリティ集団スプラウト
予言者 梅棹忠夫　東谷 暁
スマホ廃人　石川結貴
帰宅恐怖症　小林美智子
高齢ドライバー　所 正文・小長谷陽子・伊藤安海

感動の温泉宿100　石井宏子

文春新書のロングセラー

中野信子
サイコパス
クールに犯罪を遂行し、しかも罪悪感はゼロ。そんな「あの人」の脳には隠された秘密があった。最新の脳科学が解き明かす禁断の事実
1094

岩波　明
発達障害
『逃げ恥』の津崎、『風立ちぬ』の堀越、そしてあの人はなぜ「他人の気持ちがわからない」のか？　第一人者が症例と対策を講義する
1123

エドワード・ルトワック　奥山真司訳
戦争にチャンスを与えよ
「戦争は平和をもたらすためにある」「国連介入が戦争を長引かせる」といったリアルな戦略論で「トランプ」以後を読み解く
1120

近藤　誠
健康診断は受けてはいけない
職場で強制される健診。だが統計的に効果はなく、欧米には存在しない。むしろ過剰な医療介入を生み、寿命を縮めることを明かす
1117

佐藤愛子
それでもこの世は悪くなかった
ロクでもない人生でも、私は幸福だった。「自分でもワケのわからない」佐藤愛子ができき、幸福とは何かを悟るまで。初の語りおろし
1116